A OUTRA FACE DO AMOR

Américo Simões
Ditado por Clara

A OUTRA FACE DO AMOR

Barbara

Revisão
Sumico Yamada Okada

Capa e diagramação
Meco Simões

Foto capa: Roberto A. Sanchez/Getty Images

Segunda Edição: de 10.000 à 20.000 Exemplares

Dados Internacionais de Catalogação na Publicação (CIP)
(Câmara Brasileira do Livro, SP, Brasil)

Garrido Filho, Américo Simões
A outra face do amor / Américo Simões. - São Paulo:
Barbara Editora, 2014/2015.

1. Espiritismo 2. Romance espírita I. Título.

08-0616   CDD-133.93

Índices para catálogo sistemático:
1. Romances espíritas: Espiritismo   133.93

BARBARA EDITORA
Rua Primeiro de Janeiro, 396 – 81
Vila Clementino – São Paulo – SP – CEP 04044-060
Tel.: (11) 5594 5385
E-mail: barbara_ed@estadao.com.br
www.barbaraeditora.com.br

Todos os direitos reservados.
Nenhuma parte desta obra pode ser reproduzida ou transmitida por qualquer forma e/
ou quaisquer meios (eletrônico ou mecânico, incluindo fotocópia e gravação) ou
arquivada em qualquer sistema de banco de dados sem permissão expressa da Editora
(lei n° 5.988, de 14/12/73).

Este livro é dedicado a
Bernardino Simões Garrido & Maria da Encarnação dos Santos,
a Francisco José Diniz de Toledo & Maria Antonia Perandré,
elos que me trouxeram de volta à Terra, mais uma vez,
abrindo oportunidades para a minha alma...

A outra face do amor

Prólogo

A São Paulo dos anos trinta não era uma megametrópole como é a São Paulo dos dias de hoje, todavia era uma cidade suntuosa, que prosperava cada vez mais e tornava-se uma das cidades mais importantes do mundo.

A avenida principal de São Paulo, nessa época, já era, assim como nos dias de hoje, a Avenida Paulista. Entretanto, ao invés dos elegantes e modernos arranha-céus da atualidade, a avenida era ladeada por casarões, verdadeiras mansões, propriedade dos donos das grandes fazendas que produziam café. Os "donos do café", como eram chamados na época. Pessoas que enriqueceram com o auge da venda do café no Brasil.

Eram casas de arquitetura deslumbrante, um verdadeiro espetáculo para os olhos. Nelas moravam famílias que se tornaram ilustres e parte da nata da sociedade paulistana.

Hoje, pouco se vê de seu passado pela atual Avenida Paulista, todavia, é nessa São Paulo dos anos trinta, que se passa nossa história. Sob o manto do deslumbre que essa avenida causava a todos que ali chegavam...

᎒᎒ Capítulo 1 ᎒᎒

São Paulo, junho de 1939

O tempo estava muito quente para aquela época do ano em São Paulo. Na praça João Mendes surgiu uma mulher alta, que caminhava com vivacidade em direção à Igreja de São Gonçalo. Usava um lindo e elegante chapéu de feltro, na cor preta, que combinava primorosamente com a saia e a blusa em tom uniforme que vestia seu corpo.

— Preciso me confessar... — repetia em intervalos cada vez mais curtos. — A confissão liberta.

Ao passar por uma floricultura, o dono olhou com interesse para as costas da dama, elegantemente vestida, com porte de mulher da alta sociedade. Seguiu-a com o olhar por um ou dois minutos e comentou consigo "Essa aí é uma das ricaças da sociedade paulistana...". Franzindo o cenho, acrescentou: "Muito estranho... uma mulher dessa estirpe por aqui a essa hora?... Onde estará indo?". Só então deu continuidade ao seu trabalho.

A caminho do seu destino, a elegante mulher, de tão perdida em pensamentos, colidiu com um garoto que vinha pela calçada na direção contrária. O choque entre os corpos a trouxe de volta à realidade. Ela tratou logo de pedir desculpas. O garoto, sorridente, desculpou-se também:

— Não foi nada, dona.

A dama tomava o caminho que levava à entrada da igreja, quando mudou de ideia. Seria melhor entrar por uma das portas laterais, pensou, para evitar que a vissem. Assim ela fez. Adentrou o local, de forma discreta, e parou para observar a abóbada com a imagem de Nossa Senhora dos Jesuítas.

Ela, então, moveu-se, quebrando o silêncio com seus passos discretos para evitar que o eco chamasse a atenção dos que ali estavam a rezar.

Um padre, ajeitando flores num dos vasos diante de uma imagem de Nossa Senhora parou o que fazia assim que percebeu a presença da elegante mulher. Quando seus olhos se encontraram com os dela, estremeceu. Nunca, na vida toda, até onde se lembrava, vira tanta tristeza nos olhos de uma dama. Caminhou até ela, procurou sorrir e perguntou:

— Posso ajudá-la em alguma coisa?

Os olhos dela abriram-se de aflição. O padre tornou a perguntar:

— Posso ajudá-la em alguma coisa?

Ela moveu os lábios sem nada dizer. Ele procurou encorajá-la com os olhos. Por fim, parecendo ter grande dificuldade para falar, ela disse:

— Sim, padre, preciso de sua ajuda.

— A senhora me parece aflita...

— E estou. Se possível, quero me confessar.

Outra surpresa para o padre, jamais, na vida toda, encontrara uma mulher de classe, como aquela, tão desesperada para fazer uma confissão.

Indicando o caminho que levava até o confessionário, ele disse:

— Por aqui, por favor.

Ela o seguiu, olhando volta e meia para os lados para ver se não havia ninguém por perto que fosse conhecido seu.

Assim que o padre se ajeitou dentro do confessionário, ela ajoelhou-se no genuflexório ao lado e olhou com temor e ansiedade para a janelinha do lugar. Sua respiração estava pesada naquele momento, era como se sofresse de profunda falta de ar. Percebendo sua dificuldade, o padre decidiu ajudá-la.

— Pode começar sua confissão, filha, sou agora os ouvidos de Deus.

O silêncio permaneceu. A respiração pesada pareceu se tornar ainda mais pesada.

— Tenha calma, filha...

— Padre. — disse ela, enfim, com a voz entrevada.

— Sim, filha...

Ela tornou a emudecer, levou quase dois minutos até que dissesse:

— Padre, eu nem sei como dizer... estou com tanto medo...

— Calma, filha. Por isso que a confissão é uma bênção, porque ela nos liberta.

— Eu preciso me libertar, padre.

— Deus a libertará.

— De qualquer ato indevido que eu tenha feito?

— Sim, pois Deus tudo perdoa...

— Não sei se Ele poderá me perdoar dessa vez, padre.

— Ele é misericordioso.

Ela tomou ar e, com grande dificuldade, falou:

— Padre, eu... — nova pausa, o tom de voz mudou ao dizer: — é melhor eu ir embora, foi uma tolice da minha parte ter vindo aqui. Nada pode me libertar do que fiz.

— Não subestime o poder de Deus, minha filha. Vamos lá, desabafe, será melhor para você.

— O senhor não entende, padre. Eu... eu matei uma mulher.

As sobrancelhas do homem arquearam-se.

— É isso mesmo o que o senhor ouviu, padre. — enfatizou a dama. — Eu matei uma mulher. Da mesma idade que a minha. Sou uma criminosa, padre! Uma assassina. E os assassinos não têm perdão, não é mesmo? Sei que não têm. Pois a ninguém é dado o direito de tirar a vida do próximo.

O padre procurava dentro de si o que dizer, mas o baque da confissão calava-lhe a voz.

— É melhor eu ir. — continuou ela. — Como disse: foi uma tolice eu ter vindo aqui. Eu sabia, o tempo todo, que não poderia me libertar do pecado que cometi.

— C-calma, filha. Como disse, Deus é misericordioso.

— Se Ele for misericordioso comigo que misericórdia Ele teria para com a mulher que foi vítima da minha maldade?

As palavras tornaram a se aglutinar na garganta do bom senhor.

— Obrigada, padre, por sua atenção.

Percebendo que ela se levantara, o padre quis sair do confessionário em busca daquela que acabara de confessar um crime, queria dizer-lhe alguma coisa, olhos nos olhos... Vencido pela vontade, ele deixou o local e, assim que avistou a elegante dama deixando a igreja, disse:

— Espere!

Ela travou os passos, voltou-se na sua direção e o fitou com seu olhar triste e infeliz. O padre pensou em dizer-lhe mais alguma coisa, mas as palavras perderam a força subitamente. A dama, então, afastou-se, a passos rápidos, olhando por cima do ombro na direção do homem. O padre permaneceu onde estava, acompanhando-a com os olhos, sem fazer qualquer tentativa de segui-la. Quando ela se foi, voltou-se para o altar, rememorando a confissão.

"Eu... eu matei uma mulher. É isso mesmo o que o senhor ouviu. Eu matei uma mulher, padre. Da mesma idade que a minha. Sou uma criminosa, padre! Uma assassina. E os assassinos não têm perdão, não é mesmo? Sei que não têm. Pois a ninguém é dado o direito de tirar a vida do próximo."

O pobre homem ajoelhou-se diante do altar, fez o sinal da cruz e murmurou:

— Pobre criatura, tão moça... uma assassina... Que Deus tenha piedade de sua alma.

Voltando-se por sobre o ombro, ele rememorou a face da dama e se perguntou, mais uma vez, aonde já havia visto aquele rosto antes. No jornal, sim, na coluna social, certamente. Foi lá que ele a vira. Como era mesmo o seu nome?... Isso já era querer saber demais.

Nesse ínterim, a elegante dama seguia aflita para fora da igreja. Ao voltar-se para trás, para ver se o padre a seguira, pisou em falso e teria caído se não fosse amparada naquele instante pelas mãos rápidas e afetuosas de um moço bem vestido; com um estranho brilho no olhar. Os olhos de ambos se encontraram e se congelaram um no outro.

Era alguém que ela havia conhecido quatro anos atrás. Em março de 1935, quando esta história teve início...

CAPÍTULO 2

São Paulo, março de 1935

Évora Soares, moça respeitável, em todos os sentidos, de ótima aparência, com um jeitinho mimoso e delicado, tipo de pessoa que jamais cometeu um erro na vida, entrou na Avenida Paulista, caminhando elegantemente e sorrindo para si mesma.

Os cabelos castanho-escuros estavam presos no alto da cabeça num penteado de estilo, deixando à mostra seu rosto bonito, de traços delicados.

Vestia-se com discreta elegância, um bem talhado costume marrom-escuro e uma blusa lilás muito clara, delicadamente pregueada, com um decote alto fechado por um pequeno camafeu.

Por onde passava, seus olhos se detinham por alguns instantes nas fachadas dos lindos casarões da avenida. Por mais que os visse não se cansava de admirar a beleza inestimável de tudo aquilo. Eram casas realmente deslumbrantes.

Évora ainda se lembrava, como se fosse há apenas uma semana atrás, da primeira vez em que pisou ali. Foi quando a patroa de sua mãe permitiu-lhe que levasse a filha até o local de trabalho porque queria muito conhecê-la. Ela ainda podia sentir seu coraçãozinho, batendo acelerado no peito, de emoção, por se ver ali, naquela avenida tão chique e tão maravilhosa.

A lembrança da mãe lhe causou tristeza, junto com ela veio a saudade, batendo fundo em seu peito... Já fazia dois anos que ela havia morrido e de uma forma tão estúpida que até aquele dia Évora perguntava a Deus o porquê.

Ela amava a mãe, amava tanto quanto o mar da cidade onde nasceu e cresceu: Santos, a cidade que, para ela, não havia outra melhor no mundo. Ainda que vivesse numa casa humilde, muito humilde, não importava, era de Santos que ela gostava e pretendia passar o resto da sua vida, ao lado do homem com que se casaria e dos filhos que teria com ele.

O mar... Ah, o mar... sem ele sua vida não era a mesma. Era quando seus olhos pousavam nele, nas suas ondas lindas estourando na praia que ela encontrava o seu ponto de equilíbrio interior. Sentia-se revigorada e renovada, abençoada por Deus, em Sua companhia.

Évora despertou de seus pensamentos quando dois rapazes, vestidos elegantemente, pararam para olhá-la. Ambos saíam de sua casa, uma das mansões da avenida e se dirigiam para o carro, quando a viram e pararam para admirá-la. Évora era realmente uma moça para se admirar, uma jovem que por mais simples que estivesse vestida, não passaria em branco.

Um dos elegantes e abastados rapazes foi até a amurada que cercava sua morada só para acompanhar a moça com os olhos. Admirou suas curvas, como faz todo bom rapaz, seu jeito elegante e delicado de andar, seu algo mais.

— Carlos! — chamou o outro se ajeitando no carro. — Venha, homem! Se a Cleuza o pega flertando, descaradamente, uma passante na avenida, ela mata *você*. Ciumenta como é.

— Ela que aprenda a controlar o seu ciúme, meu bom Luiz. — respondeu Carlos indo até o carro. — Não sou cego para as belezas da vida, meu amigo, nunca fui! Mulher bonita foi feita para ser admirada. Mesmo que ela o despreze, o esnobe, homem que é homem a admira, cada curva, cada detalhe bonito do seu porte delgado.

— Carlos, eu ainda acho que você deveria procurar uma outra namorada.

— Ora, por quê?

— Mulherengo como é, não deveria namorar uma mulher ciumenta doentia como a Cleuza. Ela ainda vai acabar furando você com uma faca por causa de ciúme.

— Se ela pensa que eu vou deixar de olhar para uma outra mulher por causa dela, está muito enganada. Não vou mesmo. Mulher para mim, mulher bonita, digamos de passagem, é como o ar que eu respiro, não dá para ficar sem.

Luiz ligou o carro e partiram.

Enquanto isso, Évora continuava seu trajeto pela avenida, admirando tudo por onde passava. Só parou mesmo diante de um canteiro com roseiras. Rosas eram o seu fraco. Sempre gostou delas desde que era uma menininha. As rosas vermelhas eram suas prediletas, enchiam-lhe a vista, de alegria e cor.

Ao vê-la parada, olhando com admiração para a roseira, o jardineiro da casa foi até ela e perguntou:

— São lindas, não?

Évora se assustou ligeiramente com a sua repentina aparição.

— São, sim. — gaguejou. — Eu adoro rosas. As vermelhas, então, são as minhas prediletas.

O homem, sorrindo, ofereceu:

— Quer uma? Eu colho para você.

— Eu adoraria, mas no momento tenho um compromisso, vou demorar para voltar para a casa. Até lá, a pobrezinha vai morrer por falta d'água.

A voz de Évora era baixa, a voz de uma pessoa ponderada, altamente polida.

— Se eu estiver por aqui quando você passar de volta do seu compromisso...

— Eu lhe peço, pode estar certo que vou lhe pedir, muito obrigada.

O jardineiro sorriu. Évora se despediu dele e voltou a andar.

Rosas, pensou, como ela gostava de rosas. Se tivesse um casarão como um daqueles da avenida, certamente manteria os vasos espalhados pela casa, cheios de rosas vermelhas.

Um sorriso bonito floriu em seus lábios ao se lembrar de Wagner Cálio, o rapaz com quem vinha namorando há três longos anos. Não havia um fim de semana, desde que soube da sua predileção por rosas que ele não chegava na casa dela, trazendo uma rosa vermelha de presente.

Para Évora, aquilo valia mais que qualquer pérola ou brilhante. Valia tanto quanto as declarações de amor que ele lhe fazia, baixinho, ao seu ouvido, quase num sussurro imperceptível.

Wagner Cálio, como ela o adorava! Foi amor à primeira vista, bem sabia ela, com a mesma certeza de que o amor dos dois seria para a vida inteira.

Mais uns passos e ela estaria em frente à casa da família Linhares, onde vivia sua querida amiga Verônica. Dessa vez estava ali por causa de Wagner. Para decidir seu futuro e, consequentemente, o dela.

Assim que chegou, Évora, percebendo-se ansiosa, procurou acalmar-se. Sentia que, se ficasse muito ansiosa, seria pior. Respirou fundo e só então atravessou o portão que separava o jardim da suntuosa mansão da calçada da estupenda Avenida Paulista.

A casa em estilo neo-clássico fora construída pelo próprio pai de Verônica, em 1915. Com a ascensão do café, o senhor Sebastião Linhares procurou imediatamente aplicar seu dinheiro na região em que residia a elite de São Paulo. Não economizou dinheiro na construção, quis tudo do bom e do melhor. Queria bem mais que um casarão, estava disposto mesmo a construir um palacete. Entretanto, a beleza da casa não correspondia à vida dos moradores. Jandira, sua esposa, vivia doente desde que se mudou para lá, Verônica, sua única filha, também passou a ter uma saúde frágil desde então e Sebastião triplicou a quantidade de cigarros que fumava, tornando-se uma daquelas pessoas que parecem depender mais do cigarro do que do próprio ar, vital para a existência.

De doença em doença, Jandira frágil e desgastada, acabou falecendo na própria casa. Sebastião, desgostoso com a perda da esposa, morreu de ataque cardíaco fulminante três anos depois. Com a perda dos pais, Verônica ficou sendo a única moradora da mansão.

No alto da escadaria, havia uma porta com uma argola de bronze que Évora fez soar. A porta abriu-se tão depressa, que deu a impressão de que o mordomo estava por detrás à sua espera.

— Bom dia, dona Évora, como vai? — saudou o eficiente funcionário.

Um homem alto, calvo, rosto roliço, extremamente bem vestido. Uma réplica perfeita dos mordomos ingleses.

— Estou bem, Hugo e você? Estimo. A Verônica está?

— Sim, senhora. Queira entrar, por favor.

Évora, enquanto aguardava pela amiga, ficou mais uma vez deslumbrada com o interior da casa. Apesar de frequentá-la desde menina, quando sua mãe trabalhava como doméstica para a família e, a levava para ajudá-la a passar roupa, ainda assim, toda vez que punha os pés ali, ela impressionava-se com a beleza do lugar. Estar ali era sempre uma grande novidade. Um grande prazer.

O piso de tacos era tão bem lustrado que refletia tudo como um espelho. Havia sempre duas domésticas passando a enceradeira, pelo menos uma vez a cada semana.

Évora, ao contrário do que muitos podem pensar, olhava tudo com olhos de admiração, jamais de inveja. Não, ela nunca invejara nada daquilo. Nunca reclamou de sua sorte também. Aceitava o que a vida lhe dava de bom grado, sem jamais reclamar.

Foi numa das vezes em que sua mãe a levou para ajudá-la nos afazeres da casa que Évora e Verônica se conheceram. Tinham quase a mesma idade. Com o consentimento da mãe de Verônica, as duas meninas começaram a brincar juntas, logo se tornaram grandes amigas. Ambas ficavam contando os dias para poderem se reencontrar e brincarem juntas novamente.

Quando adolescentes, passavam boa parte do tempo conversando e debatendo suas ideias, preferências e antipatias, o futuro, rapazes, o rapaz ideal para casarem, a vida conjugal ideal para cada uma delas, filhos... Trocavam também confidências.

Évora despertou de seus pensamentos ao ouvir seu nome pronunciado lindamente pela voz imponente de Verônica Linhares:

— Évora.

A moça voltou o olhar para a grande escada que ligava os dois pisos e procurou sorrir.

— Verônica! — exclamou, verdadeiramente feliz, por rever a amiga querida.

Retribuindo o sorriso, Verônica continuou descendo a escada. Seus cabelos eram escuros, anelados, brotavam majestosamente do alto da testa, os olhos castanhos eram muito vivos e expressivos, o queixinho quadrado, o nariz delicado.

Além de ser uma moça muito bonita, tinha um espírito muito vivo e um senso de humor perfeito.

Ela ainda vestia-se de preto, em sinal de luto, pela morte do pai, há menos de três meses. Manter o luto surpreendia a todos, pois ninguém pensou que ela fosse o tipo de pessoa que o usasse, mesmo por um parente próximo.

Era um luto meio exagerado. Estava coberta de preto do pescoço até os pulsos. Usava um colar de pérolas muito graúdas e tinha em uma das mãos um anel com uma enorme esmeralda e na outra um imenso rubi. Apesar do pó-de-arroz, do batom e do *rouge* as marcas da tristeza eram vistas claramente em seu semblante.

Ela parecia uma nobre da cabeça aos pés. Ninguém, na opinião de Évora, poderia ser mais nobre do que Verônica. Ela jamais indagou se, de fato, a amiga era, ou melhor, poderia ser nobre como aparentava.

Mas o que era mesmo próprio de Verônica era a voz precisa tão elegante quanto o seu modo de se vestir, falava com ponderação e elegância.

Assim que Verônica chegou, as duas se abraçaram forte e carinhosamente.

— Que bom revê-la, minha amiga. — desabafou Évora com sinceridade.

— O mesmo digo eu, querida. — confidenciou Verônica, sem faltar à verdade.

Afastando o rosto, olhando mais atentamente para Verônica, Évora perguntou:

— Como você tem passado? Não deve estar sendo fácil perder o pai em tão pouco tempo depois da morte de sua mãe, não?

— Não, mesmo, Évora. Tenho de ser forte. Muito forte se eu realmente quiser superar tudo isso.

— Você é forte, Verônica. Sempre foi. Por isso logo, logo estará inteira novamente.

— Será que realmente alguém volta a ficar inteiro após a morte dos pais ou de qualquer outra pessoa querida? Tenho cá as minhas dúvidas. Você mesma, Évora, conseguiu voltar a ser a mesma depois que sua mãe faleceu?

Évora nem precisou refletir para dar a resposta:

— Você tem razão, acho que nunca mais voltamos a ser inteiros. Seguimos em frente, procurando levar a vida, mas nunca é mais como antes.

— Acho que é sempre muito difícil se recuperar de qualquer perda. Voltar a ser o mesmo após uma perda. E não precisa ser uma perda por meio da morte. Refiro-me a todo tipo de perda. Até mesmo a de um animal de estimação deve ser dolorido.

A fim de espantar a tristeza, Évora perguntou, alegrando a voz:

— E Rogério como vai?

— Bem. Tivemos de adiar a data do casamento depois da morte do papai, você sabe, não ficaria bem casarmos enquanto ainda estou de luto.

— Sem dúvida.

Nisso, a porta às costas de Évora se abriu e Nathália, a governanta da casa, entrou. Dava a impressão de ser a dona da casa entrando na sala em vez de uma simples governanta. Usava um vestido na tonalidade preta, discreto, mas extremamente elegante, o cabelo era preso, em forma de coque, deixando seu rosto ainda mais elegante e nobre. O rosto impressionava pela singeleza que as mulheres adquirem quando não estão pintadas. Os olhos eram acinzentados e imensos, e ela falava ponderado, com voz rouca e atraente e uma dicção muito clara.

Para Évora, Nathália poderia facilmente passar pela dona da casa. Poucos acreditariam que era uma simples governanta. Não tinha porte para tal, se é que alguma mulher teria um porte específico.

— Bom dia, dona Verônica. — cumprimentou a mulher, com extrema polidez. — Bom dia, dona Évora.

— Bom dia, Nathália.

— Aqui está o menu para hoje, dona Verônica, quero saber se aprova.

— Ah, sim, Nathália, deixe-me dar uma olhada. Hum... muito bom.

Muito bom. Estrogonofe de frango, excelente opção. Se Évora ficar para almoçar conosco, vai certamente se deliciar com um gostoso estrogonofe de frango.

Verônica encerrou o assunto, entregando-lhe de volta o papel. A mulher pediu licença e se retirou da mesma forma que entrou, com ares de dama.

Voltando a atenção para Évora, Verônica quis saber da sua vida. Só então notou que havia algo de diferente na amiga.

— O que há? Você me parece nervosa... O que houve?

Sorrindo, Évora respondeu:

— Você realmente me conhece muito bem.

— E não?! O que há? Parece ansiosa para me contar alguma coisa.

A resposta de Évora saiu hesitante:

— É sobre o Wagner.

— Wagner?! Outra vez?! Vocês ainda estão juntos? Pensei que...

— É lógico que estamos juntos, Verônica. Já são três anos de namoro. A gente se ama.

— Mas ele, segundo você me disse, é pobre com um rato.

Évora riu.

— Isso é verdade. Pobrezinho... Mas o que importa a sua condição social se nos amamos tanto?

— O amor não põe comida na mesa, Évora.

— Eu sei, mas...

— Nem mais nem menos... Você deveria procurar um rapaz em melhor condição social para namorar, noivar e se casar.

— Eu amo Wagner, Verônica. Não consigo me ver na vida sem ele. Você precisa aceitar esse fato!

— Que futuro esse moço pode dar a você, Évora?! Eu mesma respondo: nenhum!

— O amor a gente não controla, Verônica. O amor acontece!

— Controla-se, sim. Desculpe-me, acho que fui rude com você.

— Deixa para lá.

— Vamos, conte-me o que está tão ansiosa para me contar. Antes que tenha um treco de tanta curiosidade.

As bochechas de Évora se avermelharam enquanto um sorriso radiante brilhou nos seus lábios. A empolgação tomou conta da sua voz:

— Eu e Wagner, bem... Nós queremos nos casar.

— C-como? Vão viver do que? Você ganha salário de doméstica e ele...

— Esse é um dos motivos que me trouxe até sua casa, hoje, Verônica. Vim lhe pedir ajuda.

Verônica enviesou o cenho. Évora, com ponderação, continuou:

— Só você pode nos ajudar, Verônica.

— Ajudar? Não vejo como.

— Um emprego, Verônica. Só isso basta. Se você der um emprego para o Wagner teremos condições de nos casar.

— Um emprego?!

— Sim, Verônica, um emprego! Pode ser aqui mesmo na sua casa.

— O que esse moço é capaz de fazer? No que ele tem experiência?

— Em jardinagem! Ele é muito bom com flores. Pode cuidar do jardim da casa.

O cenho de Verônica permaneceu franzido, sinal de que estava pensativa. A voz de Évora tornou a soar, alta e empolgada:

— Dê-lhe uma chance, Verônica, por favor, e você não vai se arrepender.

— Ainda que eu o empregue, Évora, o salário que pago para um jardineiro não é o suficiente para uma vida digna ao lado de sua esposa e filhos.

— Eu trabalhando, ele trabalhando, somando os nossos salários, poderemos...

— Ainda assim não será dinheiro suficiente para vocês dois terem uma vida digna.

— Não faço questão de luxo, Verônica, nunca fiz. O Wagner também não! Qualquer coisa para nós está bom desde que fiquemos juntos.

— Eu acho que você está se precipitando.

— Não, minha amiga! Estou bem certa do que quero para mim.

— Évora, querida, nem conheço esse... Wagner. Você me prometeu trazê-lo aqui outras vezes e nunca o fez.

— Ele é muito tímido. Por isso nunca veio. Mas, agora é diferente, ele tem de vir, é uma questão de emprego, não haverá como fugir da raia. Ele fará a entrevista com você. Pode exigir dele o que quiser. Pode até mesmo, antes de contratá-lo definitivamente, dar-lhe um mês para fazer um teste, para ver se gosta do trabalho dele. Todavia, já posso garantir-lhe que não vai se arrepender de contratá-lo como seu jardineiro.

— Eu não garanto que lhe darei o emprego. Primeiro, quero dar uma olhada nele, depois, sim, farei um teste com ele, de um mês, se o serviço dele estiver à altura do que procuro.

— Estará. Sei que estará. Wagner não vai desapontá-la. As pessoas são capazes de surpreender. Forma-se uma impressão acerca de alguém, e às vezes resulta totalmente errada. Nem sempre... mas, acontece.

Não lhe falei a respeito disso tudo antes devido ao que aconteceu ao seu pai, na verdade, estava em dúvida se deveria falar a respeito com você, ainda estando de luto. Mas é que eu e Wagner estamos tão apaixonados um pelo outro que mal podemos ver a hora de nos casarmos e vivermos juntos para sempre.

— Você ama mesmo esse moço...

— Amo. Ele é tudo para mim, Verônica. O que tenho de mais precioso. Sem ele, eu preferiria morrer...

— Você não o ama, simplesmente, Évora. Você é, literalmente falando, louca por ele.

— Louca?! Sim, louca e apaixonada por ele. Tenho a certeza de que depois de começar a trabalhar aqui, ele vai se sentir mais seguro de si, mais confiante, menos tímido.

— A que família ele pertence?

— Gente muito humilde. Mas muito trabalhadora. O pai tem uma horta e vende o que colhe. A mãe lava roupa para fora. O irmão é casado, vive de pesca, moram todos juntos numa casa de morro em Cubatão.

— Casa de morro?

— É, uma dessas casas construídas na encosta do morro.

— Sei... Onde foi mesmo que vocês se conheceram?

— Na praia de Santos. Numa manhã linda de verão, eu caminhava rente ao mar quando o encontrei ajudando o irmão a retirar uma rede forrada de peixes... Uma fartura.

— É verdade... Você já havia me dito, eu é que havia me esquecido. Está bem, traga-o aqui e verei o que posso fazer por vocês.

— Jura?! Você é a melhor pessoa do mundo, Verônica! Eu amo você!

— Agora acalme-se e...

— Preciso ir, mal vejo a hora de dar a notícia para o Wagner.

— E o almoço? Estava contando com você para almoçar comigo.

— Agradeço muito o convite, minha amiga, mas fica para um outro dia. Se eu não for embora agora, chegarei somente à noite à casa do Wagner, depois fica muito tarde para eu voltar para a minha... Quero dar-lhe a notícia ainda hoje. Ele vai ficar tão feliz...

— Calma, Évora.

— Como ter calma quando o amor explode dentro do nosso peito, Verônica?!

Verônica olhava agora abobada para a amiga.

— Esse moço enfeitiçou você!

— Que me faça dele o que bem entender. Eu o amo, amo intensamente.

— Creio que você aceitaria se casar com esse rapaz se ele tivesse apenas a roupa do corpo, não?

— Sim, Verônica. Nunca fui uma pessoa materialista, você sabe; para mim, um grande amor e uma cabana bastam. Desde que haja amor, o resto a gente conquista.

— Você o ama, disso estou certa, qualquer um que conversar com você não sentirá dúvidas a respeito, mas... E quanto a ele?

— Wagner? O que tem ele?

— Ele a ama na mesma proporção?

Évora riu, divertida.

— Não tenho um pingo de dúvida acerca do amor que Wagner sente por mim, Verônica.

— Como pode ter tanta certeza?

— Uma mulher sabe quando é amada.

— Tantas mulheres já se equivocaram quanto a isso.

— Não é meu caso, Verônica. Acredite-me. Wagner me ama. É capaz de tudo para ficar ao meu lado.

— Deus queira que você esteja certa.

— Estou, não se preocupe.

De repente, Verônica sentiu uma ponta de inveja da amiga. Nunca vira alguém amando tão perdidamente como ela, nem ela própria. Ela gostava de Rogério, sem dúvida, estavam juntos há quase quatro anos, mas não era louca por ele como Évora era por Wagner.

Évora quebrou os pensamentos de Verônica ao dizer:

— Quero viver um casamento de conto de fadas, Verônica. Honrar o título: casaram-se e foram felizes para sempre!

— Quantas e quantas mulheres não casam querendo o mesmo?

O comentário fez com que Évora olhasse mais atentamente para Verônica e comentasse:

— Estou achando-a um pouco pessimista, o que há? Você nunca foi assim antes, não que eu me lembre.

— Estou apenas prevenindo *você,* Évora, para que não se decepcione, caso alguma coisa saia errada em seu casamento.

— Nada sairá errado, Verônica. Assim que você conhecer o Wagner pessoalmente, saberá por que estou tão certa com relação ao que ele sente por mim, e com relação ao sucesso do nosso casamento.

Sem mais, Évora deu um beijo na amiga e partiu. Verônica ficou ali, pensativa, olhando para a porta por onde ela havia passado. Ainda se mantinha surpresa com a euforia repentina da amiga, com a paixão avassaladora que explodiu em seu coração.

Nisso, Nathália apareceu à porta e pediu licença para falar:

— Sim, Nathália.

— Pensei que dona Évora fosse ficar para o almoço.

— Eu também, mas... ela mudou de ideia. Pobre Évora, está encantada, para não dizer, enfeitiçada por um rapaz, um pobretão. Que não tem onde cair morto. Que futuro um moço desses pode dar a ela? Nenhum, eu digo, nenhum. Ela disse que ele mora numa casa construída num morro, em Cubatão, uma casa praticamente no meio do mato. E que a família toda mora junto. Já imaginou uma família toda espremida em uma casa? Deve ser um horror.

Eu não sei o que é pobreza. Eu só conheço a riqueza, o luxo. Mesmo dentro da barriga da minha mãe eu só vivi cercada de riqueza, luxo e poder. Ouro, prata, diamantes... Se quer saber realmente o que sinto, pois bem, não faço questão alguma de conhecer a pobreza. Nunca fiz. Tanto isso é verdade que jamais, em momento algum, visitei a dependência dos empregados. Só tenho olhos para o que é rico, próspero e belo.

— Mas sua melhor amiga é paupérrima. — lembrou Nathália.

— Évora? Sim, é paupérrima. Coitada, ela e a família não têm onde cairem mortos. É, nem tudo é perfeito. Para tudo há sempre uma exceção, não é o que dizem? Évora é a exceção. Eu gosto dela, sempre gostei, sua condição social miserável nunca conseguiu prejudicar nossa amizade como pensei que aconteceria. Não é incrível como a vida nos surpreende?

Nathália se perguntou mais uma vez: por que uns nascem para conhecer somente o luxo e a riqueza e outros somente a pobreza?

C✿ CAPÍTULO 3 ✿O

Pouco antes de o almoço ser servido, Verônica recostou-se sobre uma grande poltrona de sua sala e pareceu, por alguns segundos, não prestar a menor atenção ao que se passava ao seu redor. Olhava para a própria mão, pousada no braço da cadeira. Virava-a da esquerda para a direita, fazendo uma grande esmeralda solitária, em seu terceiro dedo, receber a luz até as profundezas do seu verde.

As palavras de Évora voltaram a ecoar na sua mente:

"Ele é tudo para mim, Verônica. O que tenho de mais precioso. Sem ele, eu preferiria morrer..."

Não, murmurou Verônica para si mesma, Évora não pode se casar com um rapaz que não tem onde cair morto. Ela é bonita, atraente, educada, merece um rapaz que lhe propicie uma vida mais digna. Tenho de fazê-la desistir deste pé-rapado, convencê-la a trocá-lo por um que seja, de preferência, da alta sociedade.

Naquela tarde, assim que Rogério Meireles, noivo de Verônica chegou a sua casa, a moça tratou logo de sondá-lo:

— Rogério você tem algum amigo disponível?

— Disponível?! C-como assim?

Verônica riu e tratou logo de se explicar:

— É para Évora, meu bem. Ela se engraçou por um qualquer aí, que não tem onde cair morto e eu, simplesmente, não posso permitir que ela se case com um pé-rapado. Ela não merece, é bonita, educada, quase uma nobre como eu, por isso merece um moço que lhe possa oferecer uma outra realidade de vida.

— Por que se importa tanto assim com ela, Verônica?

— Porque gosto dela. Somos amigas desde meninas, a mãe dela, você sabe, trabalhou para os meus pais, foi assim que nos conhecemos.

— Acho curioso essa sua relação com Évora.

— Por quê?

— Porque você não suporta a pobreza.

— E não suporto mesmo.

— Mas Évora, pelo que sei, é paupérrima.

— Por isso quero ajudá-la a sair da pobreza.

— Nunca pensei que se importasse com as pessoas, Verônica. Digo, em querer ajudá-las.

— Eu só me importo com quem eu gosto e Évora é uma pessoa de que gosto muito. Por isso quero que arranje um namorado para ela, um rapaz do nosso meio, o mais urgente possível, ouviu?

— Está bem, vou tentar. Não creio que será difícil, Évora é uma moça bonita... — ele mordeu os lábios, fez beicinho e falou: — não tanto quanto você, meu bem...

Um sorriso amarelo floriu nos lábios delicados de Verônica. Do mesmo tipo que se abriu nos lábios do rapaz. Após breve reflexão, Rogério comentou:

— Só vejo um empecilho em toda essa história. É muito raro encontrar alguém da alta sociedade, rico, nobre, disposto a se casar com uma moça que não tem onde cair morta. Rico gosta de se casar com rico. Ainda que um de meus amigos se apaixone por Évora, ele terá de enfrentar a família dele, principalmente sua mãe, pois é ela quem controla a vida do filho nesse sentido para garantir um casamento com alguém do mesmo nível social.

— Não custa tentar. — atalhou Verônica, esperançosa. — O importante é impedir que Évora continue sendo uma pobretona.

— Eu nunca me casaria com uma moça de condição social menor que a minha, pois viveria eternamente sob uma dúvida vexatória. Teria ela se casado comigo porque me ama de verdade ou por causa do meu dinheiro?

— Não o condeno por pensar assim, Rogério. Eu também haveria de ficar com a pulga atrás da orelha se me casasse com um moço de condição social inferior a minha.

— Ainda bem que você vai se casar comigo, Verônica. Por falar em casamento...

— Teremos de aguardar um pouco mais, Rogério. Não fica bem eu me casar logo após a morte do meu pai. Seria muito indelicado da minha parte.

— Eu compreendo.

Rogério usava um paletó preto, um colete bonito, em tom bordô, calças tradicionais. O seu cabelo castanho descia em ondas pela nuca. Um moço decidido, mas um daqueles indivíduos egoístas que só conseguem enxergar os problemas à medida que estes os afetam. De sangue-quente. Quando o sangue lhe ferve, não sabe o que faz.

— Você se importa de continuarmos morando nessa casa depois de casados? — perguntou Verônica a seguir.

— Não, é lógico que não.

— Que bom! Esta casa é tudo para mim, Rogério. Cresci aqui, quero viver a minha vida inteira aqui.

— Você sabe que com a herança que seu pai lhe deixou, poderia comprar todas as mansões da Avenida Paulista e da cidade de Santos, não sabe?

— Sei.

— Acho que você é a moça mais rica de São Paulo atualmente e eu sou o rapaz mais sortudo da cidade. O nosso casamento vai ficar na história da nata da sociedade paulistana.

— Pena que papai e mamãe não estejam mais aqui, Rogério. Queria tanto que eles me vissem casando.

— Nunca se pode ter tudo na vida, Verônica.

— Infelizmente.

Évora saltou do ônibus numa parada em Cubatão. De lá seguiu ligeiro para a casa do noivo, uma casa de madeira que ficava na encosta de um morro. A luz dourada do sol da tarde, a ansiedade por encontrar o noivo e contar-lhe as últimas novidades provocavam a aceleração do seu pulso, uma ativação do sangue, uma súbita euforia.

Ela começava a subir a escadaria de pedras, de sessenta degraus, quando um moço apareceu no topo e assim que a viu começou a descer em sua direção. O cabelo era claro e brilhante e a pele bronzeada e bonita... Era alto, de ombros largos, e de olhos castanho-claros muito vivos e bonitos. O peito era peludo, tal como os braços e as pernas. Trajava-se com simplicidade, tinha o rosto longo e bem barbeado e simpatia na voz.

Tinha realmente o poder de fascinar facilmente as mulheres, mas quando elas o conheciam comentavam: é tão lindo, tão homem, mas tão sem dinheiro! Que injustiça!

Évora parou. Assim que o avistou, mordeu os lábios, sorrindo de felicidade e depois prosseguiu. Assim que os dois se encontraram, ele a tomou nos braços e a beijou. Um beijo demorado e apaixonado.

— Que saudade que eu estava de você, meu amor! — desabafou Wagner Cálio, assim que afastou o rosto para admirar os olhos da mulher amada.

— Ah, meu amor, tenho ótimas notícias.

— Falou com sua amiga?

— Falei e ela quer conhecê-lo. Aceitou a minha sugestão. Vai dar-lhe a função de jardineiro na casa como eu lhe sugeri. Vai avaliar o seu desempenho por um mês, mas tenho certeza de que ela vai contratá-lo.

— Pode ser que não goste do meu trabalho.

— Gostará. Tenho a certeza de que gostará. Ainda que não goste, vai lhe dar uma chance. Por minha causa, para nos ajudar. Verônica foi sempre muito boa para comigo. Sem mais delongas, amanhã o levarei até a casa dela.

— Amanhã?! Já, assim, tão cedo?

— Não temos mais o que esperar.

— Eu nem tenho roupa para me apresentar.

— Tem, sim. Vista a sua melhor roupa, faça a barba bem feita, penteie bem o cabelo e você estará ótimo para a entrevista de emprego.

— E quanto ao dinheiro para a passagem, estou sem um centavo.

— Eu tenho, meu amor. Economizei para isso, não se preocupe.

Ela, subitamente, começou a beijá-lo por todo o rosto.

— Calma, Évora. Você está excitada demais!

— E não é para estar?! Ah, meu amor, meu amor... O que existe entre nós é o amor mais lindo que há na Terra. Você é tudo para mim, Wagner. Você é o meu ponto de apoio num momento de tormenta. Pode desabar o céu sobre mim, estando com você, o que importa?

Nisso o pai de Wagner apareceu, vinha da horta que cultivava próximo a casa, trazendo um cesto de vime, cheio de verduras.

Era um senhor de ombros encolhidos, cabelos semi-brancos e o rosto extremamente enrugado, mas muito simpático. Seus olhos se fixaram em Évora e logo se desviaram daquela maneira encabulada que as pessoas tímidas têm.

— Boa tarde, meu senhor. — cumprimentou a moça.

— Boa tarde, filha, como vai?

— Bem e o senhor? Estimo.

Assim que o homem se foi, Évora voltou a se enlaçar no namorado e enchê-lo de beijinhos.

— Meu pai gosta muito de você, Évora. — comentou Wagner em meio à chuva de beijinhos. — Para mim isso é muito importante, pois eu amo meu pai, amo muito. Tanto quanto amo você. Saber que ele a aprova como minha futura esposa é algo fundamental para mim.

Évora pareceu não ouvi-lo, continuava a lhe beijar a face e abraçá-lo com força e carinho.

No dia seguinte, por volta das dez e meia da manhã, Évora chegou à Avenida Paulista acompanhada do namorado.

— Meu Deus, como isso aqui é lindo! — exclamou Wagner deslumbrado com a elegância da avenida.

— Não é?

— É um sonho.

— A casa da Verônica é uma das mais lindas da avenida.

— Que contraste, não, com o lugar onde vivemos?

— Sem dúvida.

— Não entendo a vida, uns com tanto, outros com tão pouco. Parece-me injusto que seja assim. Na minha opinião todos tinham de ter a mesma qualidade de vida.

— Infelizmente não é assim, Wagner. Um dia, talvez seja, por enquanto...

— Tenho pena do meu pai, sabe? Batalhou a vida inteira, trabalha catorze horas por dia e tudo que conseguiu foi uma casa caindo aos pedaços construída na encosta de um barranco. Tenho pena dele, da minha mãe, do meu irmão.

— Nunca pensei que seu pai se importasse de ser pobre.

— Não se importa, nem eu me importo, mas, não é justo um homem que acorda às quatro da manhã, desde os catorze anos, ter conquistado tão pouco com o suor do seu trabalho.

— Acho que tudo é uma questão de sorte, meu amor.

— Acredita mesmo nisso?

— Sim. Até cachorro para se dar bem na vida tem de nascer com uma estrela na testa.

Wagner riu, gostoso. Évora sugeriu:

— Quem sabe um dia a sorte olha para nós e nos dá a chance de construir uma casinha no subúrbio de São Paulo... Seria muito agradável viver aqui, não?

— Agradável mesmo seria viver aqui, nesta avenida linda.

— Aí já é querer ter sorte demais, meu amor.

Ele a beijou.

Duas quadras depois eles chegavam à mansão herdada por Verônica Linhares.

— Chegamos.

— É aqui? — espantou-se Wagner, olhando com admiração para o casarão.

— Sim. Eu lhe disse que era uma casa das mais lindas da avenida. Acho até que é a mais bonita da cidade.

— É maravilhosa, sem dúvida. Jamais pensei que existisse uma casa desse porte.

Évora destravou o portão.

— Venha.

Wagner a seguiu, fechando o portão assim que passou por ele. O casal seguiu pela plataforma que levava até a escadaria em frente a casa.

— Sua amiga vive sozinha num casarão desses? É casa demais para uma pessoa só.

— Os pais dela moraram aqui também até falecerem.

— Ainda assim é casa demais para somente três pessoas morarem. Eu disse que a vida é injusta, tem família de oito, dez, até mesmo quinze membros vivendo numa casa de três cômodos por não terem condições de alugarem uma casa maior e família de três pessoas morando numa casa onde cabem tranquilamente umas trinta. Por mais que eu tente compreender, não consigo.

— Verônica não vai morar sozinha aqui por muito tempo. Vai se casar, esqueceu? O casamento já estava com data marcada, mas foi adiado por causa da morte repentina do pai.

Évora Soares e Wagner Cálio foram recebidos à porta por Nathália. Após os cumprimentos, a governanta os encaminhou até o fundo da casa onde Verônica se encontrava caminhando.

— Verônica! — chamou Évora assim que a viu e se desprendendo do noivo correu até a amiga. Wagner, encabulado, parou de andar. Achou melhor aguardar ali até que fosse chamado pela noiva para ser apresentado à moça.

As duas amigas se abraçaram apertado. Verônica estava, como sempre, muito bem-trajada, usava um vestido de algodão florido, nas cores rosa e azul claro e um cinto largo de couro rosa-choque que combinavam com os sapatos no mesmo tom.

Estava usando um colar de pérolas de duas voltas, muito bonito e reluzente acompanhado de um broche de pérola tão reluzente quanto o colar, preso na lapela do seu vestido. Usava ainda um anel de considerável brilhante no terceiro dedo da mão direta.

— Eu o trouxe, Verônica. — explicou Évora, empolgada.

Por um minuto Verônica não sabia do que ou de quem a amiga falava.

— Trouxe? O que?

— Wagner, ele está logo ali.

Olhando na direção do rapaz, disse:

— Ah, sim, querida, seu noivo. Havia me esquecido.

Évora pegou na mão da amiga e puxou-a até o rapaz.

— Venha, quero muito apresentá-lo.

Baixando a voz, em tom confidencial acrescentou:

— Por favor, lhe dê uma chance. Por favor. É muito importante para mim.

Verônica lançou um olhar maroto para amiga. Évora achou graça do seu olhar. Soltou sua mão e correu até Wagner, postou-se ao seu lado e disse com grande satisfação:

— Verônica, este é Wagner, meu noivo, de quem lhe falei.

O moço mal a olhava. Era a própria imagem do constrangimento e suas mãos não paravam de torcer o boné.

— Wagner! — chamou Évora, despertando-o de seu enrijecimento. — Cumprimente Verônica.

— Ah, sim, claro, desculpe-me.

Ainda assim, com grande dificuldade, cumprimentou a moça:

— Como vai?

Seus olhos se fixaram em Verônica e logo se desviaram daquela maneira encabulada que as pessoas tímidas possuem.

Ela olhava de maneira bastante estranha para o rapaz, como se sentisse pena dele. Ficou imóvel por um minuto. Depois disse:

— Évora me contou que você é muito bom em jardinagem.

Wagner torceu o boné ainda mais, enquanto respondia que sim, sacudindo a cabeça afirmativamente.

— É mesmo?

— Só preciso de uma chance para mostrar o meu trabalho.

Verônica considerou por um momento, depois disse:

— Está bem, darei a você essa chance.

— Procurarei fazer o meu melhor, minha senhora.

Évora explodiu de alegria, agarrou a mão do noivo e a beijou.

Com os olhos voltados para uma roseira, Verônica disse:

— Presumo que queira conhecer o jardim, não?

— Sim! — adiantou-se Évora. — Será ótimo! Assim você já pode ir explicando para o Wagner como prefere que as flores sejam aparadas...

Os três caminharam lado a lado pelo jardim. Então, subitamente, sem se dar conta, Wagner começou a falar com entusiasmo sobre as flores, os cortes certos para que crescessem belas e viçosas. Deu uma verdadeira aula de jardinagem. O que mais espantou Verônica e Évora era o fato de ele saber o nome de cada espécie cultivada no jardim.

Quando ele fez uma pausa, Verônica não se intimidou em fazer-lhe um elogio. Disse também:

— A meu ver você me parece talhado para essa profissão.

O jovem, belo e robusto, lançou-lhe um olhar apreciativo, apesar de sua timidez.

Quando eles voltaram para a sala onde Verônica pediu a Nathália que servisse um refresco para o casal, Wagner olhou com grande admiração para um retrato pintado a óleo dependurado sobre a lareira. Era uma obra admirável. Não apenas pela mão do mestre que a pintara, mas também pela notável expressão do modelo.

— Esse é meu pai. — explicou Verônica com certa emoção.

Era o retrato de um homem pequeno, de penetrantes olhos escuros. Com a cabeça enterrada nos ombros, um bigode preto, reluzente, um rosto tipicamente português.

— Deve ter sido um homem muito interessante... — comentou Wagner, olhando com muito interesse para a figura.

— Sim, foi. E não é porque é meu pai, não, que eu o elogio dessa forma.

Sem mais delongas, Évora e Wagner partiram.

Havia uma sombra de inquietação no rosto de Verônica quando Nathália voltou à sala.

— Não quero me intrometer, dona Verônica, mas... Gostaria muito de saber qual a opinião da senhora em relação ao rapaz. O noivo de dona Évora. A senhora não o via com bons olhos antes de conhecê-lo e agora?

— Não sei — respondeu Verônica, lentamente. — É muito cedo para opinar.

— Compreendo.

Enquanto isso, Évora e Wagner, abraçadinhos deixavam a Avenida Paulista.

— Não posso negar, Évora, que fiquei imediatamente fascinado pela atmosfera da casa e pela personalidade de sua amiga. — comentava Wagner com a namorada. — Nunca me vi assim tão perto de uma pessoa rica, milionária. Dá até um tremor no peito...

— Mas uma pessoa rica não é diferente de uma pessoa pobre, Wagner. Tanto uma quanto a outra morrerão...

— Queria muito entender por que uns nascem com mais sorte do que os outros, Évora.

— Só Deus sabe a resposta, Wagner.

— Deus deveria ter feito todo mundo igual.

— Se não fez, foi por algum motivo.

— Qual?

— Há sempre um motivo por trás de tudo na vida, não?

— Há?!

— Deve haver.

— Acho que não há motivo algum. Você nasce, encara a sorte que teve e acaba.

— Você não acredita que haja algo além da vida?

— Acredito só no que vejo, Évora, no que posso apalpar.

— Sei que é difícil acreditar no que não se tem provas, no que não se vê, mas acredito que exista algo além. Sabe, amor, há uma história muito curiosa na minha família. Algo que acho que nunca tive a oportunidade de lhe contar. É sobre uma das irmãs do meu pai, a do meio. Ela morava com os meus avós. Não se casara, era um pouco ou totalmente frustrada por isso, enfim... Ela morreu já faz uns dez anos, atropelada por um caminhão. Depois de sua morte coisas estranhas começaram a acontecer na casa dos meus avós.

— Coisas como o que?

— Copos se quebravam durante a noite. Simplesmente se estilhaçavam sem ter um porquê. Os moradores começaram a sentir muito peso na nuca, nos ombros e também muita dor de cabeça. Todos ali tinham o mesmo sintoma. Até a mamãe e o papai começaram a sentir o mesmo.

Uma comadre da vovó chamou um padre para benzer a casa. O homem passou muito mal quando ali chegou. Começou a suar frio, mal conseguiu terminar o terço. Adoeceu gravemente depois de ter visitado a casa.

— Não vá me dizer, Évora, que você acha que tudo isso aconteceu por causa da morte de sua tia? Ou melhor, porque o fantasma da sua tia andava assombrando a casa?

— Todos acharam.

— Isso não passa de superstição, meu amor.

— Não é, não, Wagner. É sério. Acontece de fato.

— Bobagem. Isso é tudo coisa da cabeça das pessoas, fruto de uma mente fantasiosa e dramática.

— Será mesmo?

— É lógico que, sim, Évora.

— Deus queira que você tenha razão.

— Não vai me dizer que você tem medo de fantasmas?

A pergunta a fez sentir um arrepio.

— Que vergonha, uma mulher do seu tamanho com medo de fantasma!

Wagner riu, apertou a noiva contra o peito e beijou-lhe a testa.

— Só você mesmo, meu amor, mas não se preocupe, não permitirei que fantasma algum se aproxime de você. Nunca! Se insistir, parto para briga.

— E desde quando fantasma briga, Wagner?

— E desde quando fantasma existe, Évora?!

Foi ela dessa vez quem riu, travou o passo e o beijou.

— Ah, Wagner... eu o amo tanto...Mal vejo a hora de nos casarmos e sermos felizes para sempre.

— Com ou sem fantasma? — brincou ele.

— Não brinque, falo sério.

— Eu sei, meu amor, mas pode ficar tranquila que o nosso casamento será o mais feliz dentre todos. Pode apostar!

Quatro meses depois não se falava noutra coisa na sociedade paulistana senão a respeito do casamento de Verônica Linhares. Os convites já haviam sido distribuídos e todos, sobretudo as mulheres, logicamente, aguardavam ansiosamente pelo grande dia.

A igreja Nossa Senhora da Glória ficou lindamente decorada e repleta de convidados para o grande evento. A nata da sociedade paulistana em peso estava presente.

Verônica estava linda, vestida de noiva. Caminhava elegantemente pelo corredor central da igreja, forrado primorosamente por um tapete vermelho. Ela não via nada nem ninguém ao seu redor. Seus olhos estavam fixos na figura imponente do noivo no altar, aguardando por ela, sorrindo-lhe encantadoramente.

Verônica também sorria para ele, um sorriso de pura felicidade. Uma felicidade que nunca pensou alcançar na vida.

Quando chegou ao altar, Wagner Cálio foi recebê-la, ergueu delicadamente o véu que havia por sobre seu rosto, beijou-lhe a testa e a conduziu até o altar.

Wagner estava lindo dentro de um terno preto, caríssimo. Quem não soubesse da sua condição social juraria que se tratava de um magnata, um senhor ricaço do café. E no entanto, ele não passava de uma moço pobre e humilde, cuja família, nem sequer foi ao casamento, não por não terem o que vestir, Verônica se prontificou a pagar para todos as roupas devidas para a ocasião, mas porque se sentiriam deslocados no meio daquela gente tão rica e poderosa.

Wagner Cálio e Verônica Linhares se casaram no dia 30 de julho de 1935.

Dias depois, viajaram para a Europa para passar a lua-de-mel.

CAPÍTULO 4

No dia seguinte, o casamento de Verônica Linhares e Wagner Cálio era o assunto principal de todos na cidade de São Paulo.

— Quem diria que Verônica, uma das mulheres mais ricas de São Paulo se casaria...

A amiga completou a frase:

— Com um pobretão?!

— O pai deve ter virado na sepultura.

— O rapaz é bonitão, não resta dúvida, mas de que serve a beleza se não tem onde cair morto?

— Agora tem, minha filha.

As duas riram.

— Ele só pode ter casado com ela por interesse financeiro.

— Dizem que não! Comenta-se que ele não queria se casar por medo de que as pessoas e até a própria Verônica viessem a pensar isso dele. Pelo que parece, ele casou porque realmente a ama.

— Ouvi dizer, de fonte fidedigna, que eles se casaram com comunhão total de bens. Diz que ele não queria, mas ela insistiu.

— Uma coisa é certa, ele pode ter nascido pobre, mas nasceu com uma estrela na testa. Vá ter sorte assim no quinto dos infernos, casar com uma milionária não é para qualquer um.

— Jamais pensei que Verônica tiraria o noivo da própria amiga. Uma pobretona tal e qual o rapaz.

— Quando um homem enlouquece uma mulher, querida, elas são capazes de fazer qualquer coisa! E a amiga como reagiu?

— Sei lá. Não se fala dela. Devem ter perdido a amizade, certamente.

— Certamente.

— Numa hora dessas, eles estão em lua-de-mel na Europa.

— Que delícia. Ai quem me dera estar lá...

— Dizem que o ex-noivo, como é mesmo o nome dele?

— Rogério Meireles.

— Ele mesmo. Dizem que o rapaz ficou deprimido depois que Verônica Linhares rompeu o noivado com ele; que fez de tudo para reatar o noivado e que quando soube que ela havia terminado tudo por causa do jardineiro pobretão, o moço quis morrer.

— Rogério Meireles é de família nobre, não?

— É. E é bonitão também.

— O que nos leva a crer que Verônica Linhares só pode ter tido um surto. Onde já se viu trocar um rapaz como Rogério Meireles, bonito e de família rica por um pobretão?!

— Quando o coração se apaixona, minha amiga... O pobretão estava lindo no dia do casamento.

— Todo mundo fica lindo dentro de um terno caro, minha querida.

— Concordo. Mas é que o rapaz tem algo a mais, se é que me entendem? Há um brilho em seu olhar, no seu modo de ser... algo que fascina. Acho que foi isso que conquistou Verônica Linhares.

— Só pode.

— Com certeza.

— Verônica contou para uma amiga, em tom confidencial, qual foi o momento em que ela percebeu que estava interessada pelo pobretão.

— Contou, é? Conte-me tudo, não me esconda nada!

E a fofoca continuou correndo solta entre as mulheres de todas as idades e de todas as classes de São Paulo.

Era verão* na Europa quando os recém-casados chegaram para passar a lua-de-mel. Era sob os raios agradáveis do sol que Verônica queria aproveitar aquele momento tão especial ao lado do marido. E sol era o que não faltava por sobre o continente europeu. O primeiro país a ser visitado seria Portugal: permaneceriam por quatro dias em Lisboa, visitando todos os cantos e encantos da cidade. Depois seguiriam para Espanha, onde também passariam quatro dias, depois seria a vez da França, ou melhor, Paris, onde pernoitariam por mais quatro noites. Posteriormente a Itália, onde ficariam três dias em Roma e três em Veneza. A seguir, Londres, na Inglaterra, depois Dinamarca, Noruega, Suíça, Alemanha e Grécia, completando assim os quarenta e cinco dias de viagem.

O único lugar do percurso que Verônica nunca havia estado antes eram os fiordes da Noruega, por isso estava mais ansiosa para conhecê-lo. Sempre ouvira dizer que era lindo. Uma coisa era certa: se os fiordes já eram lindos, ao lado de Wagner tornar-se-iam ainda mais. Um sonho, um delírio.

Para Wagner que nunca estivera na Europa antes, tudo era novidade. Tinha a impressão de estar vivendo, nos últimos dias, dentro de um sonho, no qual tudo se realiza, onde a felicidade impera, onde a realidade mundana, a pobreza e a miséria foram trituradas até a morte.

"Europa", murmurou Wagner, era tudo muito mais lindo do que havia imaginado. Tudo, ao lado de Verônica, parecia fazer parte de um outro mundo a que ele jamais pensou pertencer.

Verônica fez questão de ficar hospedada nos melhores hotéis de cada cidade que planejaram visitar. Em Portugal, por exemplo, hospedaram-se no que foi considerado, na época, o suprassumo de Lisboa.

Ao fim de mais um dia de longos e fatigantes passeios por Lisboa, Wagner estava demasiado cansado; logo após o jantar atirou-se na cama e dormiu como um bebê. Verônica se mantinha inteira, era uma daquelas mulheres que gostam de um dia realmente cheio...

---

*Na Europa o verão começa em junho. (Nota do autor).

Todavia, ficou no quarto do hotel, rente à porta em arco que dava para uma bela sacada, tomando ar e observando o homem amado estirado sobre a cama, dormindo feito um anjo.

Para ela, Wagner era realmente uma espécie de anjo, um anjo caído do céu. E era gratificante poder oferecer a ele, ao homem por quem se descobriu apaixonada, toda aquela vida luxuosa, a vida que ele nunca poderia ter, casando-se com Évora.

"Évora...", murmurou Verônica.

Não, não sentia pena da amiga por ter estragado seus planos de casamento com Wagner. Acreditava que Évora tinha potencial para superar a perda do homem amado e dar a volta por cima. Era bonita, atraente, não tardaria a encontrar um outro moço para se casar. Um que lhe desse uma condição de vida mais digna. Algo que nunca teria, casando-se com Wagner Cálio.

Um dia ela ainda lhe agradeceria por ter-lhe, entre aspas, roubado o noivo, dando-lhe assim a oportunidade de se casar com um homem de melhor posição social.

Quanto a ela, Verônica, não fazia a menor diferença Wagner ser pobre. Ao seu lado, ele se tornou um homem rico, tão rico quanto ela.

Verônica atravessou o quarto e se sentou à cama. Voltou a olhar para o marido adormecido e suspirou. Um suspiro de felicidade e realização. Amar, amar intensamente, era esse o refrão que não saía de sua cabeça desde que deixara o Brasil. E esse amor intenso ela viveria eternamente ao lado do marido.

No dia seguinte, o casal tomou mais uma vez o café da manhã no terraço do quarto de hotel. Dali podia se sentir o perfume das flores que forravam o lindo jardim cultivado aos pés da edificação. Um lugar divinamente esculpido pelas mãos do homem. O hotel em si era um luxo, um luxo só.

Aquele seria mais um dia de incessantes visitas aos pontos turísticos de Lisboa. Wagner após uma noite bem dormida parecia ter acordado com energia redobrada para fazer os passeios. Só perturbava o tagarelar contínuo do guia turístico, que insistia em querer fazer o grupo de turistas entrar em vários locais que absolutamente não interessavam a ninguém, tampouco tinham algum atrativo especial.

A última noite em Lisboa foi encerrada numa cantina onde se comia, segundo os especialistas, o melhor bacalhau da cidade. Havia uma cantora de fado ali, soltando a voz como poucos, acompanhada por músicos virtuosos. Foi a noite perfeita para encerrar a visita a Portugal.

Por volta da meia-noite, enquanto Wagner já dormia solto, Verônica estava na sacada do quarto do hotel, admirando a lua rodeada de estrelas e sentindo a brisa gostosa agitando os seus cabelos. Ainda ouvia, num canto da sua mente, a fadista soltando sua bela voz.

"De quem eu gosto nem às paredes confesso...".

Foi então, que algo no jardim do hotel subitamente chamou sua atenção. Havia alguém por entre as flores, não dava para ver direito quem era, parecia ser uma mulher, uma mulher vestida de preto, em pé, de costas para ela, olhando para uma roseira. Seria de fato?

A estranha, então, subitamente arrancou uma rosa vermelha, cheirou e jogou com certa violência ao chão. Depois pisou com força, até esmagar as pétalas.

Verônica estremeceu.

— Que mulher odiosa... — murmurou.

A cena a desagradou tão profundamente que ela deixou a sacada e fechou a porta em arco com o trinco. Restou somente a janela aberta para arejar o ambiente. Sem mais delongas, apagou a luz e se deitou ao lado do marido que roncava, gostoso.

— Ronco... — comentou, Verônica consigo mesma. — Por que Deus não fez o homem sem roncar? Nenhuma mulher merece uma coisa dessas.

Ela riu de suas próprias palavras. Procurou dormir. Antes, porém, de adormecer, lembrou-se do gesto estranho daquela mulher vestida de preto. Esmagando aquela rosa com os pés. Que cena dantesca!

E lá fora, sombras sinistras pairavam sobre as roseiras.

No dia seguinte, logo pela manhã, o casal partiu para a Espanha. Ali também tiveram dias muito agradáveis apesar das oscilações do clima. De manhã cedo o tempo estava sempre lindo, mas logo desciam da montanha neblina e nevoeiro que sombreavam o resto do dia. Às vezes chovia. Apesar disso, Wagner e Verônica se divertiram um bocado.

Wagner estava maravilhado com o luxo europeu. Parecia uma criança, recebendo pela primeira vez um presente que tanto queria. As touradas foram o que mais o deslumbrou. Verônica que se prometera nunca mais voltar a ver uma, por ter achado um horror, uma brutalidade para com os touros, foi obrigada a acompanhar o marido que sempre tivera muita curiosidade por aquilo.

Aquela noite ela não dormiu novamente nada bem. Acordou diversas vezes durante a madrugada, sentia-se incomodada com algo que não sabia precisar o que era. Vinha sendo assim desde que haviam chegado a Madrid.

Notou que seu coração batia acelerado. Começava a sentir algo como medo, mas medo de que, perguntava-se. Não havia nada para temer. Cansada de procurar pelo sono, Verônica deixou a cama e tornou a sentar-se junto a grande janela do quarto do hotel.

Subitamente, o marido acordou. Ao ver a esposa ali, perguntou:

— O que houve?

Ela voltou-se para ele e sorriu:

— Nada não, volte a dormir.

— Não está conseguindo dormir?

— Um pequena insônia. É normal com toda essa agitação da viagem.

— Não seria melhor tomar um tranquilizante?

— Acho melhor, não. Não quero me acostumar a dormir com a indução de remédios.

Uma expressão estranha sombreou o rosto de Wagner.

— Tem certeza de que está tudo bem?

— Sim, meu querido. Pode voltar a dormir.

O marido acatou a sugestão. Aconchegou novamente a cabeça no travesseiro e em segundos roncava alto.

Verônica respirou fundo, enquanto uma sombra de preocupação caía sobre a sua face. Pela janela dava para avistar o lindo jardim que cercava o hotel. A visão a fez lembrar-se da mulher de preto, esmagando a rosa, naquela noite em Lisboa. Ela se arrepiou. Perguntou-se:

— Quem seria ela? E por que esmagou aquela rosa com tanto ódio?

Duvidou que um dia obteria a resposta.

A estranha mulher de preto visitou os sonhos de Verônica naquela noite, para o seu total desagrado.

No dia seguinte saíram para conhecer outros lugares encantadores de Madrid e comprovar que a cidade era de fato encantadora. Wagner estava tão deslumbrado que já não se aborrecia mais com o guia turístico falando desembestado.

À noite, como de hábito, ele preparava-se para dar uma volta pelo hotel, enquanto sua esposa tomava banho, vestia-se e se maquiava.

— Quer que eu venha buscá-la aqui no quarto ou nos encontramos no saguão? — perguntou pouco antes de deixar o aposento.

— Nos encontramos no saguão, meu bem.

— Daqui uns vinte minutos?

Verônica riu.

— Que mulher consegue tomar banho, vestir-se e se maquiar em vinte minutos, Wagner? Que eu saiba, nenhuma. Nos encontramos daqui uns quarenta, melhor, daqui uns cinquenta minutos.

— Estarei lá. Esperando ansiosamente por você, meu bem.

Ele a beijou suavemente nos lábios e partiu. Atravessava a porta do quarto quando parou, virou-se e disse:

— O *concierge* sugeriu um restaurante muito bom para jantarmos esta noite. Disse que fica a menos de três quadras daqui. Acho que seria uma ótima ideia, não?

45

— Sim.

— Você vai querer chamar um carro ou vamos a pé mesmo?

— A pé, o que acha?

— Para mim, tudo bem. Adoro caminhar.

Wagner voltou até a esposa, beijou-lhe novamente os lábios e partiu.

Encontraram-se no saguão do hotel na hora combinada. Dali, seguiram de mãos dadas até o restaurante indicado. Tiveram de congratular o *concierge*, quando voltaram para o hotel, por ter-lhes feito a indicação. A comida fora realmente divina.

O casal voltava para o hotel, agarradinho. Wagner enlaçava a esposa por trás, comentando sobre os pontos turísticos que haviam visitado naquela tarde quando algo, no chão, prendeu a atenção de Verônica.

Tratava-se de uma rosa pisoteada.

A visão provocou-lhe um arrepio súbito, pois no mesmo instante, ela se lembrou da mulher vestida de preto que avistara no jardim do hotel em Lisboa, noites atrás.

— O que houve? — estranhou Wagner. — Tive a impressão de que você se assustou com alguma coisa. Foi algo que eu disse?

— Não, querido. Foi apenas aquela rosa ali no chão.

Wagner olhou para o local.

— O que tem de mais uma rosa pisoteada?

— É verdade... — riu, Verônica, sem graça. — Não tem nada demais, bobagem minha.

— Mulheres...

— Você tem razão, meu amor: mulheres!!!

Wagner beijou a esposa e voltou a caminhar. Apesar de ter rido, Verônica não conseguiu apagar de sua mente aquela rosa que vira há pouco. Considerou aquilo muito estranho...

Naquela noite ela foi dormir com um sentimento forte de apreensão, perturbando sua paz de espírito. A hora já corria adiantada e, por mais que se esforçasse, não conseguia pegar no sono. Virava de um lado para o outro na cama, repetidas vezes, mas o sentimento de apreensão não a deixava em paz.

Cansada de lutar contra aquilo, levantou-se, tomou um tranquilizante e até que fizesse efeito, ficou em pé, debruçada na janela do quarto olhando para a cidade ao longe. De repente, se viu pensando na primeira vez em que viu Wagner, naquela manhã, no jardim de sua casa adorada em São Paulo. Era a própria imagem do constrangimento e suas mãos não paravam de torcer o boné. Ainda que tímido e vestido com simplicidade, ela pôde visualizar como ficaria lindo, se alguém investisse um bom dinheiro nele e esse alguém foi ela mesma.

Hoje, graças a ela, Wagner Cálio em nada mais lembrava o rapaz humilde, envergonhado que visitou sua casa pela primeira vez. Hoje era um homem elegante, tudo o que usava parecia deixá-lo mais bonito e charmoso. Ninguém diria que até quatro meses atrás era tão pobre quanto um rato.

Um bocejo fez Verônica perceber que o tranquilizante estava fazendo efeito. Em breve dormiria, que bom! Estava precisando, antes que criasse olheiras profundas. Como previu, minutos depois, dormia como um bebê. Dessa vez, para sua alegria, seus sonhos foram tranquilos. Todos com ela e Wagner, o moço que mudara a sua vida radicalmente em apenas quatro meses.

❧❧

Na manhã do dia seguinte, o casal aguardava pelo carro de aluguel quando Wagner percebeu que havia esquecido o passaporte no quarto.

— Vou apanhá-lo, meu bem. Volto já.

Enquanto aguardava pelo marido, Verônica ficou perambulando pela frente do hotel, seus passos a levaram ao jardim do local, um lugar extremamente bem cuidado com uma fonte linda, jorrando água bem no meio dele.

— Flores... — murmurou. — Sempre gostara muito de flores, de todas... E fora graças a elas, de certa forma, que conheceu Wagner. Ainda podia lembrar com nitidez quando ficava no terraço do seu quarto na casa, admirando-o, enquanto cuidava das flores do seu jardim. Ele era simplesmente

47

apaixonante...

Seus pensamentos se truncaram, ao ver uma mulher trajando preto passando por entre dois arbustos. Ela não a viu com nitidez, não saberia precisar a idade, pois se prendeu ao vestido que usava, preto, como se estivesse de luto, como se fosse a mulher que avistara aquela noite no jardim do hotel em Lisboa.

"Seria a mesma mulher?", indagou-se. "Não, certamente que não...".

Ainda que incerta, Verônica foi até o local por onde a mulher de preto havia passado. Seus olhos se arregalaram, ao avistar sobre um banco de alvenaria, a menos de um metro de onde estava, uma rosa pisoteada. Por pouco não gritou, agudo e histérica. Levou suas mãos à boca pressionando fortemente o seu maxilar.

Uma súbita zonzeira atingiu-a em cheio. Por pouco não desmaiou. Foi obrigada a se sentar rapidamente no tal banco, tendo o cuidado para não se sentar sobre o caule cheio de espinhos. Procurou então, se controlar, era preciso, antes que o marido voltasse. Não queria aborrecê-lo com aquela bobagem. Bobagem, sim, não passava de uma bobagem.

A voz de Wagner a despertou de seus pensamentos.

— Verônica!

Ela levantou-se prontamente e foi em sua direção.

— Estou aqui, querido. — respondeu acenando, procurando dar um tom natural à voz.

Assim que chegou, ele perguntou empolgado:

— Vamos?

Ela fingiu a mesma empolgação:

— Vamos!

Meio minuto depois o casal partia para mais um dia de visita aos pontos turísticos de Madrid.

Naquela noite, após o jantar, Verônica deu uma desculpa para o marido e foi até o jardim onde havia visto a estranha e encontrado a rosa despedaçada. Ficou andando de lá para cá pelo local, aumentando a agitação em sua cabeça. Depois riu de si mesma por estar fazendo aquilo. Se havia uma mulher de preto, essa mulher era uma louca, pois só uma louca encontraria prazer em pisar até esmagar uma rosa linda e perfumada. A conclusão fez com que dormisse mais tranquila aquela noite, ainda que fosse à base de tranquilizantes.

❧⚚☙

Depois da Espanha foi a vez de se esbaldarem em Paris.

No quarto dia, após longos passeios, o casal deu uma parada em lugar encantador às margens do rio Sena onde singram muitos botes, barcos e barcaças.

— Que tal tomarmos um sorvete? — sugeriu Wagner, empolgado.

— Ótima ideia, meu bem. — alegrou-se Verônica.

— Fique aqui, vou buscá-lo para nós.

Ela assentiu com o olhar e voltou a prestar atenção à superfície do rio. Um sorriso despontou na sua face, um sorriso de satisfação. Estava feliz por estar ali, naquele país lindo, naquela cidade luxuosa, ao lado de Wagner, desfrutando toda a felicidade que ele lhe trazia.

Tornou a sorrir, sorriu para a vida, por tudo que vinha se descortinando para ela depois de ter conhecido o rapaz pobre e tímido que agora era seu marido; sabia que nunca estivera tão feliz como agora.

Verônica despertou de seus pensamentos quando um barco conhecido na França pelo nome de *bateau-mouche,* uma espécie de barcaça, cheio de turistas, atravessou seu campo de visão. As pessoas olhavam para a orla, admiradas com a sua beleza.

Foi então que um dos passageiros despertou a atenção de Verônica. Era uma mulher, coberta de preto do pescoço até os punhos. Como se trajasse luto. Tinha um rosto branco, cadavérico e assustador. Era um rosto familiar, pensou Verônica. Ela já o vira em algum lugar.

O mais assustador é que a mulher olhava na sua direção, sem desviar, parecia até que não piscava. Parecia até mesmo uma assombração. Verônica sentiu um arrepio. Um frio na espinha. O arrepio se repetiu quando compreendeu por que o rosto lhe era familiar. Tão familiar. Porque era o rosto de Évora: Évora Soares.

Um mal-estar súbito a fez se segurar na amurada.

— Não pode ser... — murmurou, atordoada. — Isso só pode ser uma miragem, um delírio...

Quando conseguiu focar os olhos novamente na direção do barco, a mulher vestida de preto ainda olhava na sua direção. Não era delírio algum, ela era bem real. Évora estava realmente lá, olhando para ela.

Nisso Wagner chegou trazendo os sorvetes.

— Aqui está, meu amor.

Wagner assustou-se com a expressão no rosto da esposa.

— O que foi? — perguntou, olhando bem para ela. — Você está pálida.

Verônica tentou falar, mas a voz não saía. Sentia agora uma tremenda falta de ar.

— O barco... — murmurou.

Wagner avistou o barco por sobre o ombro da esposa e perguntou:

— O que tem ele?

— Ela está lá, Wagner. Ela está lá!

Wagner enviesou o cenho e os olhos.

— Ela?! Ela quem, Verônica?! De quem você está falando?

— De Évora.

— Évora?!

— Sim. Ela está naquele barco.

Wagner tornou a olhar para o barco singrando sobre as águas e disse:

— Você deve ter visto alguém que se parecia com ela.

— Era ela, Wagner, eu juro.

— Ora, Verônica, só pode ter sido uma mulher muito parecida, afinal, o que Évora estaria fazendo aqui, em Paris? Não tem cabimento.

— É ela, Wagner! Está vestida de preto, parece até um fantasma. Uma alma penada.

— Você está vendo coisas, anda cansada, afinal não paramos desde que aqui chegamos. Você precisa descansar. Vamos voltar para o hotel, tomar um banho, jantar e dormiremos mais cedo para que descanse.

— Você tem razão, querido, desculpe-me, devo estar tão cansada que estou delirando. Tem toda razão, percebo agora, a mulher que vi deveria ser certamente alguém muito parecida com Évora.

— Sem dúvida.

— Que tola fui eu, pensar que fosse Évora. Como você mesmo disse: o que ela estaria fazendo aqui?

Wagner riu, Verônica riu, os dois se beijaram e chuparam o sorvete que já estava derretendo.

❦

No dia seguinte, pouco antes de partirem para a Itália, Wagner foi acertar as estadias enquanto Verônica, como sempre, vistoriava o quarto para ver se não havia esquecido nada por lá. Foi então que alguém bateu à porta do aposento.

— Pode entrar. — disse ela, um tanto distraída.

A porta se abriu e um funcionário apareceu. Segurava uma caixa retangular embrulhada com um papel dourado, contendo um laçarote bonito de cetim.

— Madame. — disse o funcionário num francês bonito.

— Pois não?

— Mandaram entregar para a senhora.

Só então Verônica compreendeu que o presente que o rapaz segurava era para ela. Sorriu, deu-lhe uma gorjeta e apanhou a caixa de suas mãos.

— Obrigada.

Não havia cartão. Mas nem era preciso, para Verônica o presente havia sido mandado por Wagner. Desembrulhou o pacote com delicadeza, pôs a fita e o papel sobre a mesa ao lado e se preparou para abrir a caixa.

Soltou um grito abafado assim que viu o que ela continha e no mesmo instante a arremessou para longe de si.

Havia uma rosa vermelha, esmagada ali.

Havia também um bilhete que Verônica se recusava a ler. Só o fez quando se sentiu mais calma. Nele estava escrito e em português:

"O cravo brigou com a rosa, por causa da margarida. O cravo saiu ferido e a rosa despedaçada!".

Verônica se arrepiou inteira. Seus olhos se arregalaram, tomados de horror e pânico.

CAPÍTULO 5

Verônica, por mais que se esforçasse não conseguia esquecer o presente que havia recebido. Sobre ele, nada comentou com Wagner, para não aborrecê-lo e estragar a viagem.

"Quem lhe teria feito uma brincadeira daquela e por quê?", era a pergunta que latejava em seu cérebro.

Depois de muito refletir, chegou à conclusão de que o funcionário do hotel que lhe entregou a caixa havia se confundido de quarto. Certamente havia de ter sido enviada para outra pessoa hospedada ali. Afinal, ela não conhecia ninguém em Paris, portanto, ninguém haveria de lhe mandar um embrulho daqueles.

A visão da mulher vestida de preto e de rosto lavado no *bateau-mouche* singrando pelas águas do Sena voltou a ocupar sua mente.

"Évora", murmurou ela em pensamento, arrepiando-se. "Só se foi Évora quem lhe mandou aquilo!"

No mesmo instante ela se repreendeu:

— Não seja ridícula, Verônica, Évora está no Brasil. No Brasil! Esqueça-se dela.

Novamente as palavras do marido ecoaram na sua mente.

"O que haveria Évora de estar fazendo na Europa?"

Ele tinha razão, sua observação era muito pertinente e ela não podia se esquecer dela jamais.

A primeira parada na Itália foi em Veneza. A linda e romântica Veneza.

Percorrer os canais que banhavam a cidade era um sonho, um sonho do qual não se quer acordar jamais, confessou Wagner.

Na segunda noite na cidade, o casal escolheu um restaurante muito romântico para jantar. A gôndola que pegaram para voltar para o hotel era conduzida por um gondoleiro simpático, que cantava muito bem músicas típicas durante todo o trajeto.

Wagner abraçou a esposa e voltou os olhos para o céu.

— A noite está linda, não?

De fato, concordou Verônica, a noite estava lindíssima. O luar se derramara sobre a cidade como uma chuva de prata. Era repousante para os olhos, até mesmo para a alma.

Então, subitamente, os olhos de Verônica se alarmaram ao avistar uma gôndola passando por eles a uma certa distância. Nela se via novamente a mulher vestida de preto, de rosto lavado, cadavérico, com seu olhar voltado para ela, um olhar cruel, envolto de ódio e maldade. Wagner não a viu porque continuava recostado com a cabeça voltada para o céu.

— É ela, Wagner... — murmurou Verônica, agitada.

O marido não a ouviu, porque ela falara baixo demais e também por causa da cantoria do gondoleiro.

— Wagner! — repetiu, dessa vez conseguindo fazê-lo olhar para ela.

— O que foi?

— Veja! — disse, apontando para a gôndola que agora seguia bem à frente deles.

— O que há? É uma gôndola e daí?

— A mulher de preto que vai nela é a mesma que vi em Paris, no Sena. Wagner frisou os olhos.

— É? — perguntou sem muito interesse.

— É.

— E o que tem isso?

— Aquela mulher é Évora.

— Évora?! Você de novo com essa ideia?! Ora, por favor, Verônica. Você está se comportando como uma menininha assustada e de mente fantasiosa. Esqueça isso, por favor!

Verônica calou-se, mas não se esqueceu.

O encanto que tinha por Veneza desapareceu daquele momento em diante. Tudo o que mais queria agora era partir dali, para Roma, o mais rápido possível.

Só mesmo a beleza inigualável de Roma para fazer com que Verônica esquecesse os assombros dos últimos dias. Era impossível alguém continuar o mesmo estando em Roma. Sua grandeza era capaz de transformar qualquer um em uma pessoa sem problemas.

O hotel em que se hospedaram era tão divino quanto a cidade. Um local repleto de ricaços hospedados com suas esposas, obesas, com seus penteados viçosos, onde boa parte daquela riqueza capilar era artificial.

No primeiro dia, Wagner e Verônica visitaram o Pantheon.

No segundo, Piazza Venezia, Castel Sant'Angelo e o Coliseu.

No terceiro, o Vaticano.

O quarto dia, por sugestão de Wagner, o casal deu uma pausa nos passeios.

Almoçaram num restaurante gracioso, localizado a algumas quadras do hotel onde estavam hospedados, onde se comia um *fetutine* divino ao molho branco. A massa foi saboreada com meia garrafa do vinho que Wagner havia escolhido para acompanhar o prato. O garçom abriu a garrafa e, desejando-lhes *buon-appetito*, retirou-se.

— Que vinho! — exclamou Wagner, lambendo os beiços. — Que massa!

Excitado com o jantar dançante que aconteceria no hotel logo mais à noite, comentou:

— Mal vejo a hora de esse jantar dançante começar.

E após entornar mais uma vez o cálice da bebida, observou:

— Dançar, adoro dançar.

Uma hora depois, Wagner dormia todo espalhado sobre a cama de casal do quarto do hotel. Chegava a babar tamanho o sono.

— Ele exagerou na bebida. — comentou Verônica consigo mesma diante

55

do estado do marido.

Após mais alguns retoques no cabelo, ela deixou o quarto. Antes de sair, soprou um beijo com a mão para o marido que parecia dormir como chumbo.

Tomou um táxi e foi fazer um *tour* pelas melhores butiques de Roma. Aquele era o momento ideal para aquilo, Wagner não teria paciência de ir com ela àquele tipo de lugar. Se nenhum homem tem, ele não seria exceção.

Há tempos que Verônica não se empolgava tanto com compras. Certa a mulher que declarou que não há nada melhor para levantar o astral de uma mulher do que ir às compras. De fato, não havia coisa melhor para ela relaxar e esquecer seus problemas do que gastar com algo para se embelezar.

Era por volta das seis da tarde quando voltou ao hotel. Pensou que encontraria Wagner ainda dormindo, mas não, o quarto estava vazio, sem sinal dele, tampouco um bilhete informando seu paradeiro. Ela guardou suas compras e quando parou diante da janela para dar uma olhada na piscina, avistou o marido brincando na água. Parecia uma criança que nunca havia visto uma piscina antes. Verônica alegrou-se novamente por poder propiciar ao homem amado tantas alegrias.

A seguir, decidiu se juntar a ele. Deixou o quarto e foi apanhar o elevador, estava diante da porta do elevador, aguardando sua chegada quando ouviu uma voz feminina atrás de si cantando:

"O cravo brigou com a rosa por causa da margarida. O cravo saiu ferido e a rosa despedaçada."

Verônica gelou. Chegou a levar a mão ao peito tamanho o susto. Teve medo de olhar para trás. A pessoa às suas costas repetiu a cantiga. Ainda que temerosa do que pudesse ver, ela se voltou para trás. Seus olhos se abriram tomados de espanto e horror ao se ver diante da mulher vestida de preto da cabeça aos pés, de cabelos presos em forma de coque, de rosto lavado, olhos frios e sinistros.

— O que... — gaguejou. — O que você está fazendo aqui?

Évora Soares continuou cantando a cantiga.

— Então eu estava certa, era você, você o tempo todo... — continuou

Verônica, trêmula.

Évora continuou cantando "O cravo brigou com a rosa..."

— Quer fazer o favor de parar de cantar essa canção ridícula? — rugiu Verônica, perdendo a compostura.

Évora, peitando Verônica com o olhar, elevou a voz:

— "... o cravo saiu ferido e a rosa despedaçada".

— O que você pretende com tudo isso, Évora?! Enlouquecer-me?! Deixar-me doida como você me parece estar?!

Nisso o elevador chegou. Verônica entrou dentro dele sem tirar os olhos de Évora, cantarolando a canção, olhando fixamente para ela.

Assim que as portas do elevador se fecharam, Verônica se escorou contra a parede. Estava ofegante e assustada, mais do que assustada, em pânico na verdade.

— Era ela... — disse para si, trepidante. — Em Portugal, na Espanha, na França, em Veneza era ela o tempo todo. Ela está nos seguindo. Aquela louca está nos seguindo.

Assim que o elevador chegou ao térreo, Verônica saiu dele rapidamente. Estava tão estabanada que colidiu com um casal que aguardava por ele. Pediu desculpas e seguiu na direção da piscina. O *concierge* do hotel ao vê-la naquele estado, parou-a e perguntou:

— Está tudo bem, madame?

— Eu?! S-sim... sim...

— Tem certeza?

Verônica balançou a cabeça afirmativamente enquanto olhava por sobre o ombro na direção do elevador. Voltando-se para o homem todo solícito, perguntou:

— O senhor pode me dizer se há uma moça, uma brasileira, chamada Évora Soares hospedada neste hotel?

— Posso averiguar para a senhora. Acompanhe-me.

Assim ela fez. O gentil cavalheiro verificou todos os hóspedes do hotel no livro de registro, mas não encontrou ninguém com o nome em questão.

— Não há, minha senhora, ninguém hospedada no hotel com esse nome.

— Tem certeza?

— Absoluta.

— Essa brasileira de que lhe falo, anda sempre vestida de preto.

O homem procurou se recordar, por fim sorriu e disse:

— Não me recordo de ninguém que caiba nesta descrição. E olhe que sou um bom fisiono...

— Fisionomista. — acudiu ela.

— Isso mesmo! — riu o homem. — Essa é uma palavra em português que eu sempre me atrapalho quando vou pronunciar.

— Grata por sua gentileza. — agradeceu Verônica, retomando a direção que levava à piscina do hotel.

Wagner estava estirado sobre uma deitadeira de piscina, tomando os últimos raios de sol que se projetavam no céu, quando ela chegou lá. Assim que avistou a esposa, sentou-se e sorriu para ela:

— Você deveria ter chegado mais cedo, meu bem, para aproveitar essa maravilha. A água está uma delícia.

— Faço ideia.

O marido a beijou no rosto. Ao sentir sua pele fria, perguntou:

— O que há? Você está gelada.

— É Évora, Wagner.

— Você de novo com essa história?!

— Acabo de encontrar com ela no andar que fica o nosso quarto, Wagner. Eu estava aguardando pelo elevador quando ela apareceu e começou a cantar...

— Cantar? — Wagner riu.

— Falo sério. Ela cantava aquela cantiga: "O cravo brigou com a rosa..." Lembra?

O sorriso desapareceu do rosto do marido. Verônica continuou:

— Todas as outras vezes que mencionei tê-la visto, a vira de fato. Era ela o tempo todo. Vestida de preto da cabeça aos pés, de rosto lavado, cabelo preso em forma de coque. Ela está nos seguindo.

— Verônica... — murmurou Wagner, seriamente.

— Você não acredita em mim, não é?

— Não é isso...

— Mas eu digo a verdade, Wagner. Évora está aqui.

— Aqui, neste hotel?!

— Não está hospedada aqui, acabei de confirmar, mas está perambulando pelo hotel. Qualquer um pode entrar aqui, fingir que é um hóspede e perambular pelo hotel.

— Você disse que essa mulher que você encontrou, que se parece com Évora...

— Eu não disse que se parece, era a própria Évora.

— Pois bem, você disse que ela estava usando preto...

— Sim. Um vestido preto, meias pretas, sapatos pretos...

— Estranho...

— Estranho, por que?

— Por que Évora sempre abominou preto. Nem mesmo quando sua mãe faleceu, ela usou luto. Uma vez minha mãe quis lhe dar um pedaço de tecido preto para fazer uma blusa; ela agradeceu muito o presente e desculpando-se a minha mãe, pediu que desse o tecido para uma outra pessoa, pois não gostava de usar preto. Nada dessa cor, nem meia.

— Eu nunca soube dessa particularidade de Évora.

Verônica ficou pensativa por quase um minuto, enfim, disse:

— Você ainda vai encontrá-la, Wagner. E vai ficar pasmo não só pelo encontro como por vê-la trajando preto, como se estivesse de luto.

— Quando isso tiver de acontecer, que aconteça. Agora não quero mais pensar nisso, quero me divertir, quero que você se divirta também.

— Não sei se vou conseguir.

— Vai, sim. Hoje é uma grande noite, quero dançar muito com você no jantar dançante do hotel. Agora alegre-se, por favor.

Verônica procurou sorrir, mas foi um sorriso falso, não conseguia deixar de remoer o tenso e misterioso encontro que tivera há pouco com Évora

59

Soares.

Naquela noite...

Verônica sentia-se quase despreocupada enquanto retocava a maquiagem antes de descer para o jantar ao som de música ao vivo, com direito à pista de dança para todos os presentes dançarem à vontade.

Como sempre, muito bem-trajada, Verônica usava um vestido de brocado dourado que combinava com os sapatos no mesmo tom. Ao redor do pescoço fino e delicado havia uma gargantilha de brilhantes, um luxo que só ricos podem usufruir. Trazia também um anel de considerável brilhante no terceiro dedo da mão direita.

A exuberante figura chamou a atenção de todos quando entrou no salão do hotel onde se realizaria o jantar dançante, de mãos dadas com o marido.

Wagner também estava elegantemente vestido e tinha o rosto longo bem barbeado e o cabelo castanho e liso devidamente penteado e repartido.

O jantar dançante do hotel era tão famoso que mesmo quem não estivesse hospedado ali poderia participar. A comida era divina, como se fosse um manjar dos deuses e o chefe de cozinha, tido como um dos melhores da Europa. Pessoas vinham de longe só para degustar sua comida. No lado oposto às mesas havia um espaço reservado para os músicos e todos aqueles que quisessem dançar.

Um homem ainda jovem, louro, de cerca de trinta anos tocava o piano como poucos, e um belo rapaz de aproximadamente vinte e seis anos o acompanhava com um violino. Era um som dos deuses.

Eram servidas bebidas alcoólicas gratuitas para deixar todos os presentes sentindo-se mais leves e descontraídos.

Em pouco tempo, o local estava repleto de pessoas, a maioria, elegantemente vestidas, com as mulheres usando colares, brincos e pulseiras, as mais preciosas joias.

Wagner e Verônica escolheram algo bem leve para jantar, para que ficassem dispostos a dançar até altas horas. Não podendo mais se conter na cadeira, Wagner tirou a esposa para dançar. Foram eles que estrearam a pista naquela noite.

Logo, se tornaram o centro das atenções.

O casal rico e elegante dançava como se flutuasse no espaço.

— Está feliz? — perguntou Wagner, olhando apaixonadamente para a esposa.

— Quem não é feliz ao seu lado, Wagner?

Ele sorriu e continuou guiando a esposa pelo lindo salão.

Foi então que a porta que separava o salão do saguão do hotel se abriu e Évora Soares entrou no recinto. Abrangeu todos com um olhar. Um olhar cuidadoso e desafiador. Olhou, certamente, mais demoradamente e com mais interesse para Verônica e Wagner dançando elegantemente. Até então, nenhum dos dois havia notado sua presença.

Évora trajava um vestido preto que ia até a altura dos joelhos. Ao redor do pescoço havia apenas o colar de pérolas graúdas. Os cabelos estavam presos num coque. O rosto estava despido de qualquer maquiagem.

Verônica parou de dançar assim que avistou a ex-grande amiga. Wagner, estranhando sua reação, voltou o rosto por sobre o ombro, na direção que ela olhava. Ao avistar a ex-noiva, estremeceu.

— Não pode ser... — murmurou, boquiaberto.

— Pode. Eu lhe disse que ela estava aqui. — respondeu Verônica com amargor.

O senhor Pontes, um dos hóspedes do hotel, estava prestes a engolir uma garfada de *scargot* quando avistou a jovem toda de preto seguindo selvagemente na direção da pista de dança em passadas largas, com seu rosto pálido, franzido e tenso. Estranhou quando ela parou diante do casal que até então era o centro das atenções, sem lhe dizer nada.

Perto da elegância de Verônica, Évora, no seu vestido preto, fazia um contraste gritante.

O homem engoliu a garfada com as sobrancelhas erguidas inquisidoramente. Todos os presentes olhavam na mesma direção, era impossível se furtar de tamanha curiosidade. O que uma moça, de rosto lavado, vestida de preto da cabeça aos pés queria com um casal lindamente bem vestido, esbanjando alegria e vitalidade?

Verônica, com o rosto pálido por debaixo da pintura, murmurou:

— Vamos dar uma pausa, Wagner.

Wagner respondeu num tom sombrio:

— É melhor.

Évora mostrou os dentes num sorriso sinistro e disse:

— Tão cedo? A festa nem acabou de começar.

Verônica, com o rosto queimando de raiva peitou Évora com o olhar e se retirou acompanhada do marido.

Assim que atravessaram a porta que dava para o jardim, Wagner, um tanto estabanado, acendeu um cigarro. Após uma tragada desabafou:

— Você tinha razão. É ela mesma. E eu cheguei a duvidar de você.

— Eu lhe disse.

— O que ela está fazendo aqui?

— Você ainda pergunta? A resposta é tão simples, meu amor. Ela quer estragar a nossa lua-de-mel.

— Évora?!

— Sim.

— Évora nunca foi mulher desse tipo de coisa.

— Ela também não usava preto e agora usa.

— Ela parece fora de si... Aquele rosto pálido, cadavérico... Ela não me perdoa. Não me perdoa por eu ter terminado tudo com ela para ficar com você.

— Ela não perdoa a nós dois. Pior para ela, coitada. Deveria estar perdendo tempo procurando um novo amor ao invés de querer nos importunar. Eu quis tanto ajudá-la. Quis tanto apresentá-la para um rapaz da sociedade que pudesse... bem, deixa para lá.

— Mas ela não vai conseguir estragar a nossa lua-de-mel, Verônica, não vai!

— Ela está nos seguindo desde Portugal. Deve ter descoberto o itinerário da nossa viagem. Mas se nós mudarmos o itinerário, não vai conseguir mais nos localizar. Que tal?

— É uma ótima solução.

Após asfixiar seus pulmões com uma longa tragada, o rosto de Wagner entristeceu.

— O que foi? — preocupou-se Verônica.

— Gosto da Évora, Verônica, não queria vê-la nesse estado. Podíamos ser amigos.

— Não tenha pena dela, meu amor, se ela tivesse pena de você ou de mim, não estaria aqui para estragar a nossa lua-de-mel. Esse momento tão mágico na vida de um casal.

— Vamos voltar para o salão. Ignorar sua presença. Ninguém suporta ser ignorado, ela logo se cansará e nos deixará em paz.

— É isso mesmo! Ninguém suporta ser ignorado.

❧❧

Évora se encontrava parada, em pé, a menos de um metro da mesa onde estava sentado o simpático senhor Pontes que falava diversas línguas, inclusive o português. O homem olhou a moça pensativamente por um momento e depois disse:

— Você é brasileira, não?

Évora voltou seu rosto sério e entristecido para ele e respondeu que sim.

— Queira se sentar, por favor.

Ela olhou-o relutantemente, por fim acabou aceitando o convite.

O simpático senhor era um homem interessado pelo comportamento humano, pela mente humana e pelos distúrbios da mente humana. O que gera esses distúrbios.

Assim que conseguiu fazer um leve e breve sorriso aparecer na face pálida de Évora Soares, o cavalheiro perguntou:

— Você me parece perturbada com alguma coisa, o que há?

— Nada, não.

— Você está trêmula, acho melhor tomar um cálice de vinho.

— Obrigada... Não quero, no momento.

Ela afundou-se na cadeira, o porte esbelto e elegante se envergou de uma forma impressionante. Parecia uma corcunda.

— O que houve? O que aquele casal lhe fez de tão grave?

Évora encarou o senhor, desviou o olhar, tornou a encará-lo e finalmente esclareceu:

— O homem que está com aquela moça, o marido dela, bem, ele era meu noivo antes de se casar com ela.

O senhor admirou-se.

Évora, endireitou o corpo bruscamente e completou num tom sombrio:

— E ela... minha melhor amiga.

— Faço ideia de como está sentindo.

— Só porque tem dinheiro, ela pensa que pode fazer o que quiser das pessoas.

O senhor Pontes opinou sem medo de ferir a jovem com a sua resposta:

— Num mundo material como o nosso, receio que os ricos realmente tenham esse poder.

Évora apressou-se em dizer:

— Eu não tenho dinheiro, mas tenho brio. Jamais tiraria de minha melhor amiga o homem que ela amava tanto, com quem estava prestes a se casar.

As sobrancelhas do gentil senhor arquearam-se. Évora, adquirindo um tom nostálgico, continuou:

— Foi amor à primeira vista, sabe? O que aconteceu entre mim e Wagner. Era um domingo lindo e ensolarado quando a gente se conheceu. Eu havia acabado de tomar uma xícara de café com leite, acompanhado de um pedaço de pão com manteiga e fui caminhar na praia. Era o único dia da semana em que eu tinha a oportunidade de fazer isso, eu estava com 18 anos nessa época. Depois de andar um bocado, sentei-me num dos bancos que há no calçadão e fiquei a me distrair com as pessoas que caminhavam pela praia, tomavam banho de sol ou banho de mar. Foi então que o vi pela primeira vez, usava apenas um calção surrado, vinha correndo pela praia, agitando os seus cabelos castanhos, lindos...

Então ele parou diante do banco em que eu estava sentada e puxou papo comigo. Combinamos um com o outro imediatamente. Ele me contou então que já havia me visto caminhando pela praia e desde então se interessara por mim.

Lembrava-se com nitidez da primeira vez em que me viu. Como eu estava bonita no meu longo vestido branco, esvoaçando com a brisa do mar. O momento em que ele jurou para si próprio de que eu haveria de ser dele até que a morte nos separasse. E a eternidade nos unisse novamente no outro lado da vida...

Entende por que eu me apaixonei por Wagner? Porque ele era lindo, ao menos para mim e dizia as coisas que eu queria ouvir. Só havia um problema, tanto ele como eu éramos paupérrimos. Não tínhamos um centavo para nada. O salário que recebíamos mal dava para pagar as nossas necessidades básicas. Mas nada disso importava para nós, a paixão que explodiu em nosso peito era mais forte que tudo. Capaz de superar qualquer obstáculo.

O rosto de Évora parecia ter empalidecido um pouco mais quando ela terminou sua narrativa.

— Aí então eu o apresentei para a minha melhor amiga, a que hoje é sua esposa, para que lhe desse um emprego e assim pudéssemos nos casar... Como o senhor pode perceber, ela lhe deu bem mais que um emprego.

O senhor à mesa soltou um leve assovio de espanto. O rosto de Évora pendeu-se. O senhor Pontes teve a impressão de que ela iria chorar. Se ia, ela se segurou, deveria achar aqueles que choram na frente dos outros, um sinal de fraqueza.

O senhor fez uma observação pertinente a seguir:

— Se seu ex-noivo se casou com a sua melhor amiga é porque ele não amava a senhorita como pensou amá-la. Portanto, a meu ver, essa moça lhe prestou um favor. Porque lhe mostrou que os sentimentos de seu noivo por você não eram tão fortes como pareciam. Senão ele não teria se apaixonado por sua amiga.

— Eu prefiro acreditar que meu ex-noivo se apaixonou por Verônica, minha ex-amiga, pelo dinheiro dela. Pelo luxo que teria, casando-se com ela.

— Ela é muito rica, é?

— Uma das mulheres mais ricas de São Paulo.

O homem soltou um novo assovio. Minutos depois aconselhou:

— Por que a senhorita não segue em frente com sua vida? Abra o coração para um novo amor, um novo recomeço ao invés de...

— Perder meu tempo importunando os dois? É isso que o senhor ia me dizer, não?

— Exatamente. Acho uma total perda de tempo o que a senhorita está fazendo da sua vida, consigo mesma.

— Verônica não pode ficar impune pelo que me fez! Não é certo, não é justo! Quero que todos saibam quem é Verônica Linhares, que o homem que está com ela só está por causa do seu dinheiro. Não por atributos próprios. Da alma.

— Você está se esquecendo de levar em conta o rapaz. Ele também é, entre aspas, culpado.

— Wagner não passa de um pobre coitado. Como lhe disse, ele só está deslumbrado com o dinheiro dela, com tudo o que pode comprar, só isso. Por isso, lhe perdoei.

Voltando os olhos para Wagner dançando descontraidamente com Verônica no centro do salão, o senhor comentou:

— Eles não parecem estar mais se importando com a sua presença.

— Estão se importando sim, apenas fingindo que não. Daqui não arredarei o pé, vou ficar encarando os dois para onde quer que eles vão até não aguentarem mais conviver com minha sombra.

— Cuidado, minha jovem, muito cuidado. Coisas assim nem sempre acabam bem.

— Onde o senhor está querendo chegar?

— Já ouvi muitos casos semelhantes em que um dos parceiros acabou ferido.

— Como na canção...

— Canção?

— Sim. A velha canção do cravo e da rosa.

Évora cantarolou a cantiga numa altura que só o homem pudesse ouvi-la.

O gentil senhor estava sentindo mais pena da jovem agora do que quando a convidou para se sentar a sua mesa. Estava certo de que sua tristeza, alternando-se com o ódio, poderia causar-lhe sérios problemas. Era o comportamento típico de uma psicopata.

— Ouça o meu conselho, minha jovem. — alertou o homem. — Deixe seu ex-noivo e sua ex-amiga em paz. Enterre o passado, viva um novo presente. Você merece ser feliz. Prometa-me que vai pensar seriamente no meu conselho?

— Não posso prometer aquilo que sei que, no íntimo, não posso cumprir jamais.

Évora levantou-se, pediu licença e partiu. Atravessou o salão de dança, lançando um olhar de gato para Wagner, dançando com Verônica e deixou o recinto.

❧❦❧

No dia seguinte, logo pela manhã, Verônica decidiu esquecer os desagrados da noite anterior, na atmosfera alegre e refrescante da piscina do hotel. Deitada sobre uma das espreguiçadeiras do local, sentiu seu corpo relaxar tanto que fechou os olhos e procurou se esquecer do mundo.

Minutos depois, uma sombra caía sobre ela. Assustada, ergueu a cabeça e avistou Évora em pé, entre ela e o sol. Verônica estremeceu, por pouco não gritou. Évora não estava olhando para ela, mas sim para além dos jardins, para as silhuetas das colinas distantes. Continuava coberta de preto do pescoço aos pés. Como se estivesse de luto.

Os cabelos castanhos, divididos ao meio, estavam presos atrás das orelhas. Não havia um pó-de-arroz no rosto ou um traço de batom nos lábios. O rosto estava ao natural, pálido, como se o sangue houvesse sido drenado de seu corpo.

A única coisa a brilhar na sua pessoa era o colar de pérolas muito graúdas que adornava seu pescoço fino e delicado. Num tom profundo e gutural ela disse:

— Antes eu olhava para o horizonte e pensava, como a vida é linda. Hoje olho para o horizonte e só vejo podridão. Não na natureza, mas nas pessoas, as pessoas são podres.

Desesperada para sair dali, Verônica levantou-se tão abruptamente que derrubou sem querer o copo com água que estava em cima de uma mesa. O objeto espatifou-se ao chão.

Évora, com delicado cinismo, falou:

— Oh, coitadinho, quebrou?! Espatifou-se tal e qual o meu coração. Que pena! Mas quem se importa, não é verdade? Quem se importa realmente com os sentimentos dos outros? Ninguém.

Verônica suspirou fundo, voltou-se para a ex-amiga e sem perder a classe, perguntou:

— Quanto você quer, Évora?!

A moça fez ar de interrogação.

— Quanto você quer para me deixar em paz?! — completou a outra, com firmeza na voz. — Diga! Eu pago. Vamos, fale!

— Você pensa mesmo que o dinheiro compra tudo, não?! Ou melhor, que o seu dinheiro compra tudo?!

— E compra! Vamos logo, diga! Quanto você quer para deixar a mim e a Wagner em paz?

Évora riu, um riso triste.

— Não quero um centavo seu, Verônica! Nada! Quero só a felicidade que você me roubou!

Verônica agarrou o braço da ex-amiga e ameaçou:

— Você vai nos deixar em paz, Évora! Vai nos deixar em paz antes que eu a denuncie à polícia.

— Sob qual acusação?

— Perseguição.

— Duvido muito que me prendam por isso. Em todo caso, denuncie.

Nisso o *concierge* do hotel aproximou-se das duas e polidamente perguntou a Évora.

— Desculpe a intromissão, mas não é permitido a presença de pessoas que não estão hospedadas no hotel, na piscina.

— Eu já estava de saída. — respondeu Évora com delicadeza.

Assim que ela se foi, Verônica agradeceu ao prestativo funcionário. Já o havia deixado de sobreaviso para que, caso visse uma mulher toda vestida de preto, a impedisse de perambular pelo hotel.

O *concierge* estava espantado com a presença da moça, pois ficara atento e mesmo assim, ela conseguira se infiltrar no hotel sem que nem ele nem os outros funcionários percebessem. Passou por todos como se fosse invisível ou tivesse o poder de atravessar paredes como um fantasma.

Assim que Verônica ficou a sós, comentou consigo mesma:

— Seu joguinho acabou, Évora. Amanhã quando eu e Wagner partirmos daqui, iremos para a Noruega, um dos últimos lugares que visitaríamos na nossa viagem. Se você estiver seguindo o nosso itinerário irá para Holanda como havíamos programado; quando chegar lá terá uma grande decepção ao descobrir que não chegamos. Vai ficar louca nos procurando por aí, pobrezinha, mas nunca mais nos encontrará!

Como havia combinado com o marido, no dia seguinte, eles partiram para a Noruega na esperança de despistar Évora, fazê-la desistir do seu plano de perseguição e voltar ao Brasil, deixando-os em paz.

CAPÍTULO 6

Verônica sentia-se bem mais tranquila quando chegou ao hotel nos Fiordes da Noruega. Tudo agora voltaria ao normal. Que bom!

Havia sol, a temperatura estava fresca, um tempo ótimo, perfeito para continuar sua lua-de-mel em paz. Finalmente, em paz.

Na primeira tarde ali, os dois caminharam pelos arredores do hotel, apreciando a paisagem, o luxo da natureza. À noite saborearam um delicioso *foundee* de queijo e chocolate regado de muito vinho. No segundo dia, Verônica se sentia renovada, os imprevistos dos últimos dias haviam sido apagados de sua memória. Ela se sentia mais paciente, Wagner também, a lua-de-mel voltara a ser tudo aquilo que todo casal esperava que fosse.

As refeições eram fartas, com pratos sofisticados, somente o que havia de melhor para os ricos degustarem.

Na manhã do terceiro dia na Noruega, após o café da manhã, Verônica deixou o hotel sozinha para fazer uma caminhada ao longo do rio. Wagner preferiu ficar no hotel, jogando paciência.

Enquanto caminhava, ela pensava no homem da sua vida: Wagner Cálio. No quanto ele a fazia feliz e como era surpreendente estar ali, naquele lugar que ela tanto sonhou conhecer ao lado dele, na lua-de-mel planejada com tanto carinho pelos dois.

Ao avistar a plataforma retangular de madeira construída sobre o rio, Verônica se encaminhou para lá. A vista dali era também magnífica, deslumbrante... Ela parou na ponta, inspirou e expirou o ar lentamente e deixou mais uma vez seus olhos passearem pelos fiordes ao redor. Ela agora sorria para si mesma, para a vida, por toda felicidade que desfrutava desde que ali chegara.

Sua atenção foi desviada para uma figura que descia rapidamente a trilha que vinha dar às margens do rio. Ao que parecia, a pessoa vinha na sua direção. Em alguns instantes estaria junto dela. Só podia ver a silhueta por ela estar contra o sol.

Tratava-se de uma mulher, percebeu Verônica. Quem seria?, indagou-se. Como quem seria?, repreendeu-se imediatamente. Só podia ser uma hóspede do hotel ou uma moradora das casas construídas ao longo do fiorde.

Sua alma gelou, um arrepio estranho percorreu todo o seu corpo ao ver com maior nitidez o rosto daquela que até então lhe fora um mistério. Verônica, sobrolho erguido, exclamou:

— Você?!

Évora Soares sorriu, um sorriso estranho, sombrio.

A primeira reação de Verônica foi de cólera cega. Mas procurou engolir a cólera, respirando fundo.

— O que você está fazendo aqui, Évora?

— Ora, ora, ora, Verônica... O mesmo que você, certamente.

Uma série de pensamentos sucedeu-se rapidamente na mente de Verônica, mas ela não teve tempo de refletir direito sobre nenhum deles.

Évora, com fingida amabilidade, perguntou:

— Não está gostando do lugar? Estou achando tudo tão lindo.

— O lugar é realmente muito bonito, o que estraga é a presença de certas pessoas aqui.

— Refere-se a mim?

— Como nos encontrou? Mudamos o roteiro da nossa viagem por sua causa. Só eu e Wagner sabíamos disso. Os Fiordes da Noruega eram para ter sido o último lugar a ser visitado por nós... Como soube que viríamos para cá?

Évora replicou com fingida candura:

— Você acredita em coincidências? Pois bem, foi coincidência.

— Você não espera que eu acredite nisso!

— De você eu espero tudo, Verônica. Tudo!

— Até quando, Évora?! Até quando você vai continuar nos perseguindo?

— Não estou perseguindo você, minha querida. Foi apenas uma coincidência eu vir parar aqui no mesmo lugar que vocês.

A resposta dela fez Verônica se lembrar de algo que gravara em seu cérebro e se esquecera de analisar: "Afinal, como Évora, que não tinha onde cair morta, podia estar ali, na Europa, por tantos dias, à sombra do casal?".

— Afinal, Évora, com que dinheiro você veio para cá?!

Évora parecia estar com a resposta na ponta da língua:

— Lembra-se de uma tia minha, uma que tinha algum dinheiro, herança do segundo marido? Tia Genoveva, lembra-se? Pois bem, ela faleceu e deixou parte de sua herança para mim. Então pensei, por que não gastar o dinheiro fazendo um *tour* pela Europa? Achei que valia a pena e por isso vim. Estou amando.

Verônica, num momento de compaixão, perguntou esperançosa:

— Será que você pode nos deixar em paz daqui por diante?

Évora respondeu com o olhar, um olhar que, muito explicitamente, parecia dizer:

"Não. Nunca!"

Enquanto isso no hotel, Wagner encomendava outro drinque. Dessa vez, ele não degustou a bebida, como costumava fazer, bebeu-a numa golada só. Sentia-se necessitado de algo forte aquecendo o seu interior. No minuto seguinte, deixou o bar, atravessou o pequeno saguão e saiu do hotel. Desceu os degraus da pequena escada em frente à edificação, cantarolando, em voz baixa, um trecho de uma marchinha de carnaval:

"Ó abre alas que eu quero passar... Ó abre alas que eu quero passar... Eu sou da lira não posso negar... Rosa de ouro é que vai ganhar"*.

Lançando um olhar rápido e discreto na direção do local onde Évora e Verônica se enfrentavam, o jovem e bonito brasileiro decidiu ir até lá. Desceu os degraus que levavam à plataforma cantarolando pelo caminho: "Cidade maravilhosa cheia de encantos mil... Cidade maravilhosa, coração do meu Brasil. Berço do samba e das lindas canções que vivem n'alma da gente... És o altar dos nossos corações que cantam alegremente."

As duas moças continuavam se enfrentando com os olhos e com palavras.

— E você se dizia minha amiga. — esbravejou Évora.

Num acesso de fúria, Verônica saltou sobre a moça, gritando:

— Eu mato, você, Évora! Se você continuar me importunando eu mato você!

— Não precisa me matar, Verônica. Eu já estou morta por dentro. Desde o dia em que você roubou de mim o homem que eu amava.

Verônica riu, histérica.

— Não precisei roubá-lo, minha querida. Ele se entregou a mim de livre e espontânea vontade. Eu sinto muito. Sinto imensamente que ele tenha preferido a mim e não a você. O que se há de fazer? Ele quis o melhor e, o melhor entre nós duas, era eu. Você sabe disso.

— Isso não vai ficar assim, Verônica, não vai!

— Você perdeu, Évora. Aceite a derrota. Seja uma boa perdedora, vamos lá.

Wagner parou de cantarolar assim que avistou as duas moças sobre a plataforma, uma de frente para a outra, digladiando-se. Na verdade, era Verônica quem agredia Évora com palavras e, subitamente, com as mãos. Esta tentava se defender do ataque histérico da ex-grande amiga quando, sem querer, pisou em falso e caiu da plataforma. A queda deixou tanto uma moça quanto a outra assustadas. Évora agora se debatia na água, tomada de desespero.

— Eu não sei nadar! — dizia quase em pânico total.

Começou então a se engasgar com a água que, sem querer, jogava sobre si mesma com suas mãos ao se debater.

*Abre alas (Chiquinha Gonzaga, 1899)*Cidade Maravilhosa" (André Filho, 1934).

Foi então que, zás, Wagner chegou ali, correndo, agachou-se e estendendo-lhe a mão pediu:

— Agarre a minha mão, Évora.

Mas a moça, em total desespero, parecia surda ao seu apelo.

— Agarre a minha mão, Évora! Vamos! — tornou ele, transpirando de tensão.

Mas Évora continuou indiferente a sua ajuda.

— Pelo amor de Deus, Évora! — berrou ele. — Segure a minha mão!

A moça, roxa, pareceu perder as forças e afundou.

Wagner gritou mais uma vez, a toda garganta:

— Évora, a minha mão!

Sem ver outra escolha, o moço pulou no rio para salvá-la.

Um grito desesperado atravessou a garganta de Verônica ao ver o marido se jogando na água.

— Wagner, não!

Meio minuto depois, ele voltava à superfície trazendo Évora nos braços. Com grande dificuldade pôs o corpo da jovem que tremia dos pés à cabeça em cima da plataforma e só então saiu da água. Verônica olhava para a cena, horrorizada. Sem delongas, Wagner pegou Évora nos braços e a levou para o hotel. Verônica o seguiu, aflita, crispando as mãos, trêmula também. Entraram no edifício por uma porta lateral para não serem vistos pelos outros hóspedes e seguiram direto para o quarto do casal.

— Ela precisa de um banho quente, urgentemente. — disse ele..

— A água não estava tão fria assim, Wagner, afinal é verão aqui na Europa, esqueceu-se? — opinou Verônica.

— Ainda assim estava um gelo, Verônica.

— É melhor levá-la para tomar banho no quarto dela.

— Você tem razão.

Ele então parou, pôs Évora no chão e perguntou-lhe o número do seu quarto.

Ela, batendo o queixo de frio e pelo susto que tomara há pouco, respondeu. Um minuto depois eles entravam em seu quarto e sem delongas

Wagner a punha no banho.

— Wagner! — observou Verônica em tom sério. — Deixe-a tomar o banho sozinha. Não fica bem, você, um homem casado, junto dela, num banheiro. Além do mais você também precisa tomar um banho quente. Está todo ensopado.

— Você tem razão, Verônica.

Voltando-se para Évora que continuava trêmula e roxa, perguntou:

— Você ficará bem sozinha ou quer que eu chame alguma funcionária do hotel para ajudá-la?

Évora tremia tanto que não conseguiu responder. Voltando-se para a esposa, o moço disse:

— Acho melhor chamar alguém para lhe dar uma mão. Ela me parece em choque pelo que aconteceu.

— Está bem, está bem... — concordou Verônica em tom de resmungo. — Vou chamar alguém, mas você vai já para o quarto tomar seu banho antes que apanhe um resfriado.

Assim foi feito. Verônica partiu em direção à recepção do hotel, Wagner na direção do seu quarto, deixando Évora sozinha, trêmula, roxa, com olhos lacrimejantes, relembrando o horror que vivera há pouco ao cair no rio. Nadar nunca fora mesmo o seu forte, nunca seria. Novamente bateu aquela sensação de pânico dentro dela, por receio de morrer. Foi como se tivesse chegado bem perto da morte, sentindo-a tocar sua pele, algo nada agradável de se sentir.

Depois de conseguir uma funcionária para ajudar Évora no banho, Verônica voltou para o seu quarto. Seu rosto estava grave e um pouco infeliz quando chegou lá. Assim que o marido lhe deu atenção, perguntou:

— Aonde você estava com a cabeça quando saltou dentro do rio para salvar aquela maluca? Você poderia ter morrido, sabia?

— Sei nadar, Verônica. Mesmo que não soubesse eu tinha de ajudar Évora, afinal, ela estava se afogando...

— Mesmo que isso lhe custasse a vida? Sei que é cruel, até desumano o que vou dizer, mas... você deveria tê-la deixado se afogar.

— Verônica! — exclamou, visivelmente chocado com as palavras.

— Falo sério. Que diferença faria para a vida, ela morta? Nenhuma.

O semblante de Wagner enrijeceu. Verônica, enfurecida, continuou:

— Só não consigo entender como é que aquela desmiolada nos encontrou aqui. Ela me disse que foi coincidência, mas eu duvido.

— Você não falou sério quando disse há pouco que...

— Teria sido melhor que Évora se afogasse? Falei, sim.

— Eu nunca pensei que você chegaria a esse ponto, Verônica, afinal Évora era sua amiga.

— Amigos só servem quando nos são convenientes.

Wagner se manteve por um longo minuto olhando horrorizado para a esposa.

❧❦❧

Naquele mesmo dia, pouco antes do almoço, Wagner Cálio, sentado no espaçoso terraço do hotel, observava os fiordes ao longe, se perdendo por entre as montanhas cujos picos pareciam arranhar o céu. Havia uma expressão curiosa na sua face. Uma expressão de Esfinge.

Nisso, um hóspede do hotel se juntou a ele, puxou uma cadeira e sentou-se. Com um sorriso, cumprimentou-o. Wagner, de repente, queria muito ter aprendido línguas, para que pudesse se comunicar com os estrangeiros, para não ficar com aquela cara de tacho diante deles por não saber dizer sequer um "bom dia" ou "boa tarde", um "Como vai?" ou um "Até logo". Seria melhor entrar numa escola de línguas quando voltasse para o Brasil. Ao menos para aprender o inglês, que estava se tornando a língua número um do mundo. Sim, aquilo seria uma boa ideia. Antes ele não podia nem sequer pensar nela, mas agora, depois de ter se tornado um homem rico, ele podia fazer, não só isso como uma porção de outras coisas.

Quando outros passos soaram no terraço, Wagner virou a cabeça para ver quem era. Um ligeiro franzido surgiu em seu cenho bonito ao avistar Évora parada ali, a poucos metros de onde estava sentado, olhando-o, com um sorriso triste nos lábios.

Surpreendeu-se ao vê-la usando, o que se poderia chamar de roupas normais, roupas de sua geração: uma saia xadrez em tons de vermelho e bordô e uma blusa num tom marrom chocolate. Seus cabelos castanho-escuros, lisos e brilhantes, agora, estavam soltos, escorrendo pelos ombros. Um penteado que a rejuvenescia uns cinco anos. Em nada mais lembrava a moça que andava de preto, com os cabelos presos num coque que vira nos últimos dias. Até os olhos, de um castanho esverdeado, exprimiam agora certo equilíbrio. Não havia mais nenhum traço de amargor e revolta neles. Era o rosto sereno de uma jovem de vinte e poucos anos que sabe o que quer, que encontrou o equilíbrio dentro de si.

Wagner se manteve olhando para ela, com um brilho nos olhos, um brilho indefinido. Nos olhos dela, via-se agora, muita afeição e um toque de saudade do homem que um dia fora seu.

Os lábios de Évora moveram-se por diversas vezes sem emitir som. Wagner parecia encorajá-la com os olhos. A coragem então, finalmente, tomou conta da moça.

— Eu vim lhe agradecer, Wagner. — disse ela, cautelosamente. — Se não fosse você eu teria morrido afogada. Nunca me dei bem com a água você sabe... Você sabe.

— Não precisa me agradecer por nada não, Évora. — respondeu, deixando por um momento que o tom amável penetrasse em sua voz.

— Foi muito perturbador o que me aconteceu. Muito perturbador, mesmo. — acrescentou ela com um arrepio provocado pela lembrança.

A voz dela apagou-se, parecia incapaz de continuar a expressar suas ideias. Ela então gravitou pelas imediações, jogando o olhar para os lindos fiordes ao longe. Um riso tristonho reapareceu em seus lábios. Ia dizer mais alguma coisa quando Verônica apareceu. Ao vê-la, Verônica estremeceu. Sentou-se ao lado do marido sem dizer uma palavra, voltou a cabeça para frente e fechou os olhos, ardendo de ódio por estar novamente na presença daquela que considerava sua rival. O clima pesou no recinto. Logo, o silêncio tornou-se desconfortável para todos ali. Wagner após dar o último trago no cigarro, tentou contornar a situação:

— Os fiordes são realmente lindos, não, Évora?

Para Verônica havia algo, um leve traço de ironia na voz do marido, algo que fez com que ela voltasse rapidamente os olhos para ele. Wagner, todavia, evitou seu olhar. Seu gesto a deixou irritada, prestes a perder o controle sobre si mesma: levantou-se estabanadamente de sua cadeira e deixou o local. Antes, porém, disse, por cima do ombro:

— Pelo visto Évora só vai nos deixar em paz no dia em que morrer, não é mesmo? Antes tivesse morrido afogada no rio esta manhã. A uma hora dessas estaríamos livres dela. Livres para sempre!

— Verônica, espere! — falou o marido, ligeiramente aturdido.

Mas a esposa não esperou.

❧❦❧

Naquela tarde, enquanto Wagner tirava um cochilo, Verônica partiu de seu quarto em busca de Évora. Como não a encontrou em seu quarto, seguiu pelo hotel a sua procura. Estava tão agitada e tonta que mais parecia uma mariposa à volta de uma lâmpada. Minutos depois, finalmente atingia o seu objetivo:

— Évora? — chamou, pegando a moça de surpresa. — Precisamos conversar.

A moça aguardou que ela desse início à conversa, sem dizer uma só palavra.

Verônica, enfurecida, com uma pequena ruga vincando-lhe a testa, falou então ao que vinha:

— Larga de fazer esse papel ridículo que você está fazendo e deixe-nos em paz.

— Ridículo?!

— Ridículo, sim!

— Ah, por favor, Verônica! Quem não está me deixando em paz agora é você!

— Quero vê-la longe desse lugar o mais rápido possível. — completou, incisivamente.

— Nem o seu dinheiro, nem todo o dinheiro do mundo pode me afastar desse lugar. Só a morte.

— Pois, então, que você morra!

— Então me mate!

Évora não parecia ser mais aquela moça de aparência recatada, humilde e submissa. Revelava-se agora uma mulher madura que parecia não ter medo algum de enfrentar nada nem ninguém. Deu as costas para Verônica e partiu calada.

Não tinha dado meia dúzia de passos, quando a mão de Verônica segurou o seu braço por trás, fazendo-a parar e virar-se para ela, abruptamente. Olhando diretamente nos olhos da moça, com o cenho franzido, Verônica disse peremptoriamente:

— Você vai embora daqui, nem que seja a ponta-pé!

Évora desarmou a moça com um sorriso e falou calmamente:

— Vou, se eu quiser. Este é um continente livre...

O rosto de Verônica tornou-se ainda mais sombrio.

— Estou lhe avisando, Évora.

Conhecendo bem o desprazer que a outra sentia quando alguém contrariava os seus mandamentos, Évora repetiu pausadamente, enfatizando cada palavra:

— Vou, se eu quiser.

Verônica deu-lhe um tapa no rosto com tanta força que Évora se desequilibrou e foi ao chão. Verônica, vermelha de raiva, tornou a repetir:

— Você perdeu, Évora! Aceite a derrota. Não seja mais ridícula do que já está sendo. Suma daqui!

Évora levantou-se, limpou a saia suja de areia, endireitou o corpo e partiu. Verônica teve novamente um rompante histérico:

— Suma da nossa vida, Évora! Desapareça!

Nisso um funcionário do hotel correu até ela para saber o que havia acontecido.

Verônica deixou o corpo cair na cadeira e se pôs a chorar.

— A senhora precisa de alguma coisa? — ofereceu-se o funcionário.

— De paz, só isso. — respondeu ela em inglês.

— Um copo d'água, talvez...

— Deixe-me em paz. Em paz, ouviu?!

Ela havia, definitivamente, perdido a classe.

❧ ❧

Wagner estava acabando de despertar do cochilo quando Verônica, bufando de raiva, entrou no quarto.

— Vamos embora, Wagner. — disse ela, enérgica.

— Embora, já?! Mas...

— Nem mais nem menos. Não passo mais nem um dia aqui neste lugar, sabendo que aquela mulher está aqui.

— Bem se você acha que esse é o melhor caminho para...

— É e não se fala mais nisso!

— Iremos para Alemanha ou Suíça? Podíamos ir para a Alemanha, depois para a Suíça para confundir Évora, caso ela queira nos seguir novamente.

— Iremos para o Brasil, Wagner!

— Brasil? Mas ainda não terminamos o roteiro de viagem.

— Pouco me importa. Voltaremos à Europa em uma outra ocasião.

— Se desistir da viagem, vai parecer fraca diante de Évora.

— Fraca?!

— Sim. Vai parecer um ratinho assustado correndo do gato. Você deveria ficar e impor superioridade a ela.

— Cansei.

— Vou conversar com Évora. Não é certo que nossa lua-de-mel seja estragada por sua causa. Ela vai me ouvir, tenha a certeza de que vai me ouvir.

— Você acha?

— Pode estar certa que, sim. Quando quero uma coisa, consigo.

— Como vai encontrá-la?

— No quarto dela, ora!

— Quero ir com você.

— Não. Vou sozinho. Será melhor.

— Não! Quero ouvir tudo o que você vai dizer e o que ela vai responder-lhe. Fico próxima à porta do quarto para ouvi-los.

— Assim, tudo bem.

Minutos depois, Wagner Cálio batia à porta do quarto em que Évora Soares estava hospedada. A moça mostrou-se deveras surpresa ao vê-lo ali quando abriu a porta.

— Pensei... — disse ela, mas não foi além disso. A voz de Wagner se sobrepôs à dela:

— Olá, Évora, preciso muito falar com você. Posso entrar?

— S-sim... — respondeu ela, gaguejando e lhe dando passagem.

Assim que a porta se fechou, Verônica se aproximou e colou os ouvidos nela.

— Évora... — começou Wagner —, venho aqui pedir-lhe encarecidamente que pare de nos perseguir como vem fazendo. Isso não faz bem nem a nós nem a você. Essa perseguição quase tira a sua vida. Se eu não estivesse por perto quando caiu no rio esta manhã, você teria morrido afogada.

Fez-se um breve silêncio até que ela respondesse:

— Depois de refletir sobre o que me aconteceu esta manhã cheguei à conclusão de que o incidente foi um aviso...

— Aviso?

— Sim. Um aviso dos céus para que eu realmente pare com essa loucura.

Silêncio. Quase um minuto de silêncio.

— Quer dizer então que você vai nos deixar em paz?

Silêncio outra vez.

— Sim. — foi a resposta dela, finalmente.

Houve um suspiro de alívio de ambas as partes. Verônica também respirou aliviada.

O silêncio a seguir durou quase dois minutos. Wagner, então, aconselhou:

— Volte para o Brasil, Évora. Recomece a sua vida. Tenho a certeza de que encontrará um rapaz bacana para se casar e ter filhos.

A voz da moça, um tanto quanto trêmula, respondeu:

— Vou seguir seu conselho, Wagner. Obrigada.

Novamente os dois ficaram em silêncio o que tornou a incomodar Verônica drasticamente. Por pouco ela não abriu a porta e entrou.

— Eu já vou indo. — disse Wagner, afinal. — Obrigado por sua colaboração.

— Wagner?

— Sim.

— Obrigada você por ter me salvado esta manhã. Como você mesmo disse: se você não estivesse lá àquela hora eu estaria morta a uma hora dessas. Talvez fosse melhor, não?

— Não, Évora. Não mesmo, acredite-me. Adeus.

— Adeus.

Ao perceber que a porta iria se abrir, Verônica se afastou dali a passos ligeiros. Quando o marido a reencontrou no quarto do casal, ela foi logo chamando a sua atenção:

— Você foi muito gentil com ela, Wagner.

— Não se consegue nada com grosserias, Verônica. Especialmente de uma mulher.

— Fiquei enciumada, sabe? Na verdade ainda estou.

— Acalme-se.

— Estou tentando, mas não sei se vou conseguir. Por outro lado sinto-me aliviada por ela ter finalmente concordado em nos deixar em paz. Será que realmente vai cumprir o trato?

— Évora sempre foi uma moça de palavra.

— Isso é verdade.

Verônica achegou-se ao marido, passou suas mãos finas e delicadas por seu rosto longo, bem barbeado e disse:

— Que bom, meu amor. Que bom que finalmente estamos livres desse pesadelo. Desse pesadelo chamado: Évora Soares.

Um beijo forte e ardente completou suas palavras.

❧⸙❧

Minutos antes no quarto de um outro hóspede do hotel, a mãe repreendia o filho mais velho, mais uma vez, por seu mau hábito costumeiro:

— Henry, mamãe já falou para você parar de espiar o quarto das pessoas por meio desse binóculo. Se elas o veem espiando, elas não vão gostar nem um pouco. Principalmente se estiverem nuas indo tomar banho ou saindo dele.

— Aí é que está a graça! — comentou Henry, baixinho, no ouvido do irmão.

— Mas que garoto sapeca! — murmurou a mãe.

— Olhe só... — murmurou Henry, com empolgação. — Lá está a mulher que quase se afogou no fiorde esta manhã. Está conversando com ele, o homem que salvou sua vida.

— É mesmo, Henry? — empolgou-se o irmão caçula.

— Sim. Ele a está agarrando. Parece enfurecido... Parece até que vai matá-la!

— Deixa-me ver, deixa me ver! — implorou o irmãozinho tentando tirar o binóculo das mãos do irmão. Com muito custo, conseguiu, ao olhar pelo binóculo comentou decepcionado:

— Ah, seu bobo, você me enganou direitinho. Eles estão é rindo, não se matando.

O outro levantou as sobrancelhas, reprimindo um assovio de admiração.

— Estão bem mais do que isso, estão se beijando. — acrescentou o caçula.

— É porque você deve estar olhando para a janela do quarto errado, seu bobo!

CAPÍTULO 7

Wagner e Verônica chegaram a Berna na Suíça no dia seguinte. Haviam partido assim que raiou o dia para não terem seus caminhos cruzados novamente com Évora. Logo que entraram no quarto do hotel, Verônica puxou as cortinas para deixar o sol invadir o aposento que tinha um ar harmonioso e irreal do luxo do século passado, com grandes vasos de crisântemos brônzeos sobre uma mesa redonda de canto.

Ela estava esperançosa de que finalmente poderiam usufruir da lua-de-mel em paz, como havia de ser. O primeiro dia foi marcado por passeios ao Centro Paul Klee e ao Castelos de Bümpliz. A noite terminou com um jantar à luz de velas num piano bar. No dia seguinte, Wagner levantou-se, bocejou, esticou os braços, olhou para fora, e disse numa linguagem interiorana:

— Que friozinho *bão*.

Ainda que fosse verão na Europa, a cidade de Berna era cercada de montanhas cobertas de neve que volta e meia gelavam o ar que era soprado para lá.

Verônica levantou-se, abraçou o marido por detrás e disse:

— Estou aqui para aquecê-lo, meu bem.

Ele se mostrou indiferente ao seu gracejo, apontou para o horizonte, onde havia uma cadeia de montanhas cobertas de neve, de uma beleza singular e disse:

— Esse clima frio e seco é ideal para tomarmos um delicioso chocolate quente...

— Se eu continuar comendo e bebendo como venho fazendo desde que cheguei à Europa, vou virar uma pata. — argumentou Verônica, cheia de bom humor.

Ele a fitou, sem entender bem.

— Eu quis dizer que vou ficar gorda se continuar comendo como venho fazendo.

Wagner fez uma expressão de enfado e foi tomar seu banho da manhã. Ele certamente não estava num de seus melhores dias. Em meio ao banho, comentou:

— Como podem os europeus não tomarem banho diariamente no inverno? Para mim não importa se é primavera, verão, outono ou inverno, meu banho da manhã é sagrado. Sem ele não desperto direito. Fico mal-humorado pelo resto do dia.

— Então tome seu banho, meu querido, um banho demorado que é para você ficar bem acordado e espantar esse mau humor que o acompanha desde que partimos da Noruega.

De fato, Wagner andava mal-humorado desde que deixara o país. Sua paciência também parecia ter-se evaporado.

À tarde o casal visitou mais alguns pontos turísticos da cidade e provaram um pouco mais dos deliciosos chocolates suíços. Tirando o mau humor de Wagner, os dias na Suíça estavam sendo tão bons quanto os que tiveram em Portugal. Sem Évora, tudo se tornava perfeito, observou Verônica. Tornava-se o que toda lua-de-mel deveria ser. Algo encantador, em paz e inesquecível.

Novamente as palavras que ela disse ao marido depois de impedir que Évora morresse afogada se repetiram na sua mente: *"Sei que é cruel, até desumano o que vou dizer, mas... você deveria tê-la deixado se afogar. Falo sério. Que diferença faria para a vida, ela morta? Nenhuma. Amigos só servem quando nos são convenientes."*

— Sim — reafirmou Verônica para si mesma, em silêncio —, seria bem melhor que ela tivesse morrido, o que se há de fazer?

E a afirmação foi feita sem arrependimento algum ou qualquer sentimento de culpa.

O próximo país a ser visitado pelo casal foi a Inglaterra. Lugares como o Big Ben, o Palácio de Buckingham deixaram Wagner maravilhado. Apesar do verão, as noites estavam cobertas de *fog*.

— Então esse é o famoso *fog* londrino? — comentou Wagner enquanto caminhava com a esposa certa noite. — Todo esse *fog* (névoa) deve ter ajudado muito a Jack, o estripador, fazer suas vítimas. Não acha?

Verônica pediu ao marido que se explicasse melhor.

— Porque no *fog* mal se pode enxergar direito a um metro de distância, assim Jack podia se aproximar de suas vítimas sem ser notado e passar-lhes a faca.

— Ai! — arrepiou-se Verônica. — Que horror!

— Mas não é verdade?

— Sim, é... Acho que é... Nossa, depois do que você falou, não acho boa ideia nós dois ficarmos andando pelas ruas em meio a esse nevoeiro.

— Relaxe, Verônica. Jack, o estripador está morto há muitos anos.

— Mas assassinatos ainda continuam sendo cometidos nos dias de hoje, Wagner. Desmiolados como Jack, o estripador, ainda existem atualmente.

— Bem, isso é verdade, mas não se preocupe, estou aqui para protegê-la.

O marido abraçou-a e beijou-lhe a fronte. Ainda assim, Verônica ficou apreensiva, olhando para a névoa com insegurança e suspeita.

Na noite do dia seguinte, enquanto o casal se dirigia para jantar num restaurante nas proximidades do hotel, Wagner parou em uma tabacaria para comprar cigarro. Verônica preferiu aguardar por ele ali mesmo na calçada, para poder admirar a fachada do local, cuja arquitetura chamou sua atenção. Depois de admirar os detalhes, ela voltou os olhos para a rua coberta de *fog* e rememorou, então, as palavras do marido a respeito de Jack, o estripador, ditas na noite do dia anterior. Aquilo a fez novamente se arrepiar, ficar insegura e apavorada. Ela procurou se controlar, mas perdeu o controle novamente ao avistar uma mulher, caminhando em meio à névoa.

Algo apoderou-se dela, deixando-a completamente parada, como que petrificada. Sentiu que o mundo rodopiava, ficava de cabeça para baixo, tomada de súbita, desagradável e assustadora loucura.

A mulher, de repente, diminuiu o passo, voltou os olhos na sua direção e prosseguiu com mais agilidade. Parecia ter apressado os passos para poder se afastar dali, o mais rápido possível.

— É ela outra vez. Évora... — murmurou Verônica, tornando-se escarlate de repente. Até as sobrancelhas ficaram coradas.

A mulher em meio a névoa estugou os passos.

— Évora! — chamou Verônica, impondo força na voz.

O chamado despertou a atenção de Wagner, fazendo-o correr até ela.

— O que foi que você disse?! — perguntou, olhando estranhamente para a esposa, rubra e boquiaberta.

— Évora... — murmurou ela, distante.

— Não vá começar outra vez com essa história, Verônica. Por favor.

— Era ela, Wagner! Era ela, sim. Em meio ao *fog*.

— Ela prometeu nos deixar em paz.

— Pois descumpriu o prometido.

— Você ficou tão traumatizada que a está vendo em todo lugar. No meio do nevoeiro todas as mulheres são iguais.

— Ainda assim era ela. Estou bem certa do que vi. Era Évora e ponto final. Ela continua nos aterrorizando. Não vai parar jamais. Jamais, entende?

Wagner ficou imóvel por um minuto. Depois disse:

— Vamos voltar para o hotel, é melhor.

Verônica nada respondeu. Ele se afastou, ela ficou completamente imóvel por um minuto ou dois, querendo penetrar a névoa com os olhos, ver com detalhe tudo o que ela escondia.

— Verônica! Venha.

Só então ela se moveu. Os dois caminharam lado a lado, em profundo silêncio, em direção do hotel.

— Se você continuar com essa mania de perseguição, Verônica, você estragará de vez o nosso passeio.

— Mais do que já foi estragado?

Wagner não respondeu, apenas apertou o passo e disse:

— Falta pouco agora para voltarmos para o Brasil. Vamos aproveitar esses últimos dias ao máximo, por favor.

Ela, subitamente, travou os passos e começou a chorar.

— Por que isso agora, Verônica?

— Porque quero ficar em paz com você, Wagner, e não consigo. Acho que nunca vou conseguir. Não enquanto Évora estiver viva.

As palavras assustaram novamente o moço. Restou-lhe apenas dizer:

— Você precisa tomar um tranquilizante, Verônica. Um que possa fazê-la relaxar antes que tenha um surto psicótico por tudo que vem lhe acontecendo.

— A culpa é dela, Wagner. Daquela maldita.

Wagner preferiu não dizer mais nada.

Enquanto isso a mulher, vista há pouco, continuava andando aceleradamente por entre o *fog*, como se fugisse de alguma coisa monstruosa.

CAPÍTULO 8

Assim que o casal voltou a São Paulo não se falava noutra coisa na cidade senão sobre os apuros que viveram na Europa nas mãos de Évora Soares. Como a notícia havia se espalhado, isso ninguém nunca ficou sabendo.

— Dizem que a ex-noiva dele mandava flores despetaladas para Verônica.

— Dizem que Verônica Linhares atirou a ex-amiga nas águas dos Fiordes da Noruega. Que quis vê-la morta.

— Dizem que a "ex-amiga e ex-noiva" andava de preto dos pés à cabeça, parecia uma moribunda.

— Também depois do que Verônica e o marido aprontaram para a pobre coitada! Bem feito para Verônica. Quem mandou roubar o noivo da melhor amiga?

As mulheres são sempre capazes de ciúmes; muitas vezes, as que menos aparentam são as mais ciumentas.

— Mas o rapaz também é culpado. Ela deveria também se vingar dele, afinal, se gostasse mesmo dela não a teria trocado pela ricaça.

— Ele agiu assim porque homem nenhum presta.

— Só não entendo uma coisa. Se sabemos que homem nenhum presta por que lutamos tanto para ter um e para mantê-lo ao nosso lado?

O comentário provocou risos em todos que estavam no salão de beleza.

Assim que foi possível, Wagner e Verônica desceram a serra até Cubatão onde morava a família dele. Wagner estava ansioso para dar a todos os familiares os presentes que tinha comprado para cada um na Europa.

Ainda que fosse fazer uma visita a uma família que morava numa casa extremamente pobre, erguida na encosta de um morro, Verônica Linhares foi como de hábito, extremamente bem-trajada: usava uma blusa de seda num tom de rosa bem leve que combinava muito bem com a saia de sarja xadrez, em diversos tons de marrom, que realçava elegantemente suas curvas. Os sapatos eram da mesma cor, um dos muitos pares que trouxera da Itália.

O cabelo nesse dia estava preso elegantemente com um arco, permitindo, assim, que seu rosto ficasse bem à mostra, um rosto apuradamente maquiado por suas próprias mãos. Usava uma gargantilha de ouro, bem fina, com um pingente com brilhantes presos a ela e, como sempre, o anel de considerável brilhante no terceiro dedo da mão direta.

Wagner, por sua vez, também estava muito bem vestido, no terno de linho, que caía perfeitamente em seu corpo alto e esguio e com o chapéu de fino porte que cobria seus cabelos bem aparados. Nada nele lembrava o humilde rapaz, que mal tinha o que vestir, que morara ali. Suas vestes elegantes de agora, sobre seu porte ereto e bonito, não deixavam transparecer jamais sua origem humilde.

O casal subiu o longo lance de escadas feito de pedras rústicas que levava até a humilde casa, caindo aos pedaços. Diante da pequena construção, de um andar apenas, Verônica comentou:

— É um lugar simples, mas aconchegante, não?

Wagner sabia que ela só havia dito aquilo para agradá-lo. Que no íntimo achava o lugar uma pobreza sem fim, um horror para sequer pousar os olhos.

— Ô de casa?! — chamou Wagner no seu tom mais doce.

Sua mãe logo apareceu à porta.

— Filho! — exclamou, transparecendo grande alegria por revê-lo.

Wagner abraçou a mãe e a beijou com ternura.

— Que saudade, filho. Que saudade de você...

— Eu também estava com muita saudade da senhora, mamãe.

Verônica então cumprimentou a sogra. Era a segunda vez em que elas se encontravam, mas apesar de Verônica fazer o possível para fazê-la se sentir confortável na sua presença, a senhora ainda se sentia intimidada.

— Vamos entrar, por favor.

— Douglas, Ofélia, meus netos! — chamou a mulher. — Wagner está aqui.

Como não podia deixar de acontecer, a exuberante figura de Verônica surpreendeu a família de Wagner logo que chegaram. Perto daquela gente humilde o contraste entre eles era assustador. Um choque entre o luxo e a pobreza.

Douglas, irmão de Wagner, era um moço desajeitado, de ombros muito largos, cabelos escuros, desgrenhados e o rosto horrivelmente esburacado, porém, de uma simpatia sem igual. Seus olhos se fixaram em Verônica e logo se desviaram daquela maneira encabulada que tantas vezes têm as pessoas tímidas.

A seguir, Ofélia, esposa de Douglas, foi cumprimentar a concunhada. Era pequena, morena e tão tímida quanto o marido. Seus olhos escuros passavam a maior parte do tempo modestamente voltados para o chão, embora tivesse sorrido com doçura e humildade para Verônica.

Os dois filhos do casal foram os próximos a cumprimentar a moça.

— É muito bom revê-los. — assumiu Verônica, querendo ser gentil com todos.

Wagner, então, com grande alegria começou a distribuir os presentes. Todos abriram os pacotes com grande empolgação e se maravilharam com o que ganharam. Diante da ausência do pai, Wagner perguntou:

— Cadê o papai?

— Seu pai está, como sempre, cuidando da horta, filho.

— Pelo visto ele não larga aquilo por nada.

— Nem deve. É o nosso ganha pão, filho.

— Por enquanto, mamãe... Por enquanto. Dentro de muito breve a vida de vocês vai mudar. Vou lá falar com ele.

Após pedir licença à esposa, retirou-se. Verônica ficou ali tentando demonstrar algum interesse pela vida daquela gente que considerava tão desinteressante.

Assim que avistou o pai, regando a horta, sorriu para si mesmo. Amava-o de paixão. De todos da família era de quem estava com mais saudade. Ele parecia tão concentrado no que fazia que pareceu não notar a aproximação do filho.

— Papai.

O pai virou-se para o filho, mediu-o de cima a baixo e voltou a se concentrar no que fazia.

— Papai. — tornou Wagner. — É assim que me recebe depois de eu ficar quase dois meses longe do senhor?

Diante do silêncio e indiferença, disse ele:

— Que é isso, papai? Venha cá, dê-me um abraço. Estou com saudade.

O homem continuou parecendo surdo. Wagner bufou. A atitude do pai o deixou constrangido e chateado. Estendendo o presente que lhe comprara, disse:

— Este presente trouxe para o senhor. Achei que iria gostar.

Ele continuou indiferente a suas palavras.

— Por que está me tratando assim, papai? Eu nada fiz de errado para merecer essa atitude para comigo.

O pai voltou a endereçar ao filho um olhar grave e triste.

— Sei que o senhor gostava muito de Évora, papai, mas... O senhor tem que aceitar o meu casamento com Verônica. É com ela que me casei, ela é agora a minha esposa... Não me trate assim, tão indiferente, assim o senhor me magoa.

Dando-lhe as costas, o pai foi regar um trecho da horta que ficava mais distante dali. Inconformado, Wagner foi atrás dele.

— Quero comprar uma casa para vocês em Santos. Uma espaçosa que dê para a família toda morar, o que o senhor acha? Trouxe também um punhado de roupas novas para o senhor e a mamãe e dinheiro... De agora em diante o senhor não precisa mais trabalhar.

A frase final fez o pai olhar novamente para o filho e dizer:

— Desde quando o trabalho me incomoda, Wagner? Alguma vez você me ouviu reclamar por ter de trabalhar?

— O senhor já trabalhou demais na vida, não precisa mais...

— Vou trabalhar até morrer.

— O senhor não precisa.

— O que eu realmente preciso é de nada que vem de você. Absolutamente nada, está me ouvindo?

— O senhor está sendo injusto comigo.

O pai amarrou o cenho e voltou a regar as verduras.

Wagner achou melhor se retirar. Antes, porém, advertiu:

— O orgulho não faz bem a ninguém, meu pai... A ninguém.

O homem virou-se para ele parecendo ter algo na ponta da língua para lhe dizer, mas no último instante preferiu ficar calado.

Quando Wagner voltou à casa da família, Verônica percebeu de imediato que o marido estava aborrecido com algo. A mãe também.

— Você encontrou seu pai, filho?

— Encontrei... Encontrei sim, mamãe, mas ele estava tão entretido com a horta que depois abrirá o presente que lhe trouxe. Lá no carro há também um punhado de roupas para ele e para a senhora usarem. Há também um punhado de roupa de cama, mesa e banho para a casa. Douglas você pode me ajudar a ir pegar? Ótimo.

— Não precisava, filho.

— Precisava, sim, mamãe.

A seguir os dois moços foram apanhar os pacotes no carro. Diante de tudo, a família ficou deslumbrada.

— Deus meu, quanta coisa! Não precisava, filho.

A mãe agradeceu ao rapaz, beijando-lhe o rosto e lhe dando um forte abraço. A visita se encerrou minutos depois.

Assim que o carro pegou a serra, Verônica perguntou ao marido o que vinha coçando sua garganta:

— Você ficou chateado com alguma coisa, não foi?

— Fiquei, sim. — a voz dele vacilou um pouco. — Com meu pai.

— O que houve?

— Ele... ele não é mais o mesmo comigo desde que...

— Desde que você se casou comigo, é isso?

— Sim. Para ele, a mulher ideal para eu me casar era Évora... Eta velho turrão... teimoso que nem uma mula. Teimoso e orgulhoso! Custa aceitar uma ajuda financeira para ter melhores condições de vida? Custa?! Mas eu vou fazê-lo mudar de ideia, ah, se vou... E ele ainda vai sentir orgulho de mim.

❧❧

Semanas depois, Wagner voltava à casa dos pais, dessa vez, sozinho.

— Ô de casa? — chamou ele, como de hábito.

Quando a mãe apareceu à porta, seu rosto demonstrava certa apreensão.

— O que houve, mamãe? Não ficou feliz com a minha vinda?

Ela fez um sinal com a cabeça, indicando a presença de alguém na casa. Wagner fez ar de desentendido, parecia realmente não fazer ideia de quem poderia estar ali, visitando a mãe que ele não pudesse gostar.

Ao ver Évora sentada à mesa, tomando uma xícara de café, Wagner compreendeu aonde a mãe queria chegar. Évora tornara-se de repente a própria imagem do constrangimento, Wagner também parecia bastante constrangido, suas mãos não paravam de torcer a boina que sempre usava.

— Olá, Évora.

— Olá, Wagner.

O clima pareceu pesar no recinto.

— Entre filho, venha tomar uma xícara de café, acabei de coar.

O moço torceu a boina ainda mais ferozmente. Évora, a própria imagem da infelicidade e do constrangimento, disse:

— Eu já vou indo.

— Ainda é tão cedo, querida. Você acabou de chegar.

— Se for por minha causa, Évora, por favor, fique.

— Não, Wagner... É melhor eu ir.

A moça levantou-se, despediu da ex-futura-sogra e depois do ex-futuro-marido. Ela já estava de saída quando ele perguntou:

— Évora.

Ela virou lentamente o rosto na sua direção.

— Está tudo bem com você?

Ela respondeu que "sim" balançando a cabeça afirmativamente. Sem mais, partiu.

A seguir, a mãe serviu ao filho uma xícara de café.

— Obrigado, mamãe.

Depois de ele dar alguns golinhos, ela falou, seriamente:

— Filho...

— Sim, mamãe.

— Nós nunca tivemos a oportunidade de conversar a respeito dessa reviravolta que aconteceu na sua vida.

— Reviravolta?

— Seu casamento repentino com Verônica. Tudo aconteceu tão rápido. Um dia você amava Évora perdidamente, no outro, amava Verônica Linhares. Eu nunca entendi muito bem toda essa história.

— Nem eu ao certo, mamãe.

— Você não amava Évora, filho, você a adorava, qualquer um podia ver. Entretanto, de uma hora para outra você a abandona por causa da melhor amiga, uma ricaça de São Paulo...

— São coisas da vida, mamãe.

— Será que você fez realmente a coisa certa, digo, casando-se com Verônica?

— Por que isso agora, mamãe?

— Porque eu vi como você olhou para Évora há pouco.

O rosto elegante de Wagner branqueou. A mãe continuou, sem tirar os olhos do moço:

— Eram os mesmos olhos com que você olhava para ela no passado,

95

quando a namorava. O mesmo brilho, o mesmo encanto, a mesma paixão.

— A senhora acha?

— Sim.

— Mas Évora faz parte do passado, mamãe.

— Pode fazer parte do passado, mas ainda reside dentro do seu coração.

O filho baixou os olhos. A mãe prosseguiu:

— Tenho muito receio de que você se casou com Verônica, não por ela, exatamente, mas pelo que ela podia lhe oferecer com a fortuna que herdou dos pais. Não gostaria que isso fosse verdade, filho, pois o dinheiro pode dar a alguém luxo e fartura, mas não felicidade... Minha mãe sempre dizia: "O dinheiro pode comprar uma pessoa, jamais seu coração." Sabe aonde ela queria chegar, não?

— Sei, sim, mamãe. Mas não se preocupe comigo. Tudo o que fiz, fiz porque meu coração me pediu para fazer. Portanto, posso afirmar que fiz a coisa certa. Estou bem casado...

— Você a ama, Wagner?

— Évora?! Ora, mamãe, eu a amei...

— Não falo de Évora, filho, falo de Verônica.

— É lógico que sim, mamãe. Agora se preocupe mais com a senhora do que comigo.

Tirando do bolso uma enorme quantia de dinheiro e pondo na mão da mãe, acrescentou:

— Esse dinheiro é para a senhora comprar tudo o que está faltando nesta casa.

Quando a mulher se deu conta da quantia que estava em sua mão, estremeceu:

— Mas é muito dinheiro, filho!

— Não é, não. É a senhora que está costumada com pouco.

— Sua esposa sabe que você anda pegando dinheiro dela para nos dar?

— O dinheiro não é mais só dela, mamãe. Nos casamos com comunhão de bens, esqueceu? De tudo que ela tem, cinquenta por cento agora é meu.

— Cinquenta por cento? E o que significa isso?

— Significa, mamãe, que agora sou um homem rico. Extremamente rico. E vou compartilhar toda a riqueza que possuo com vocês.

— Oh, filho, não precisa.

— Quero vocês morando numa casa mais confortável, à beira mar de preferência, com um carrão vinte e quatro horas à disposição de vocês. Quero ver todos se alimentando com fartura. Com o melhor da culinária.

— Wagner, meu querido, não se preocupe conosco.

— Preocupo-me, sim, mamãe! Vocês são a minha família. As pessoas que mais amo.

— Seu pai não vai querer nada disso. Ele nem sequer quis ver as roupas que você trouxe para ele. Jurou que não vai usá-las, jamais!

— Aquele velho turrão precisa aprender a gostar de conforto e fartura. Com o tempo, ele aprende. A senhora verá. Por falar nele...

— Está na horta, como de costume...

— A velha horta... Ele não se desgruda de lá de jeito algum. Vou falar com ele.

— Tenha paciência com ele, filho.

— Mais do que já tenho?

O pai examinava os pés de alface, inclinando-se sobre eles quando Wagner chegou lá. Ao vê-lo, endireitou o corpo e voltou a regá-los.

— Olá, papai. — disse o moço, num tom respeitoso, aproximando-se dele. — Como tem passado?

A expressão, indiferente do pai se acentuou. Isso fez com que Wagner saísse do sério:

— Papai, estou muito chateado com o senhor por ainda não ter usado nada do que lhe trouxe de presente.

— Já lhe disse que não quero nada de você, Wagner. É surdo, por acaso?

— Ora, papai, para que tanto orgulho? Aceite meus presentes de bom grado, estou lhe dando de coração.

O ar de desagrado na face do senhor aumentou. Subitamente, se abaixou e arrancou com raiva um matinho que crescia no meio dos pés de alface. Depois, com o calcanhar o esmagou violentamente no chão. Wagner, sem se deixar intimidar, voltou a falar:

— Estive em Santos nas últimas semanas, papai, procurando uma casa para comprar para vocês. Demorou mas encontrei uma do meu agrado. É muito boa, espaçosa... Tem quatro dormitórios. Acho, sinceramente que o senhor vai gostar muito dela. Quando posso vir buscá-lo para ir vê-la?

Diante do silêncio do pai, Wagner falou:

— Deixa-me fazer esse agrado para o senhor, meu pai! Para o senhor, para a mamãe, para o meu irmão, minha cunhada e sobrinhos. Por favor. Deixa esse orgulho de lado e aceite a casa que lhes dou. Ficarei muito feliz, se aceitar.

Visto que o pai não se manifestava, Wagner achou melhor encerrar o assunto ali, dizendo:

— Vou lhe dar alguns dias para pensar na minha proposta. Voltarei na semana que vem para conversamos novamente a respeito da casa. Até lá, papai.

Esperava que seu pai olhasse para ele, se despedisse, pelo menos com um simples aceno, mas o pai continuou de costas, indiferente, como se ele fosse a coisa mais insignificante do mundo.

Assim que Wagner reencontrou a mãe, a senhora lhe perguntou:

— Conversou com ele, filho?

— Tentei, mas ele continua me ignorando. Isso não está certo. Não está. Mas vou fazê-lo mudar de ideia, mamãe. A senhora vai ver. E vocês vão morar num lugar digno e decente para um ser humano morar. Eu prometo a vocês. Prometo a mim mesmo.

— Você é tão bom, filho.

O comentário tirou lágrimas dos olhos do moço. Afetuosamente, ele beijou a mãe na testa e partiu.

Uma semana depois, como prometido, Wagner insistia de novo com o pai para que fosse ver a casa em Santos que pretendia comprar para a família. Diante de sua recusa e desprezo, Wagner decidiu levar então somente os outros membros da família para conhecer o lugar.

— Vamos, agora?! — alegrou-se Douglas.

— Sim, mano.

A mãe, um tanto encabulada, disse:

— É melhor eu ficar, seu pai não vai gostar se eu for.

— Ora, mamãe. É muito importante que vá para que possa opinar e depois contar ao papai sobre a casa, estimulá-lo a se mudar para lá. Vamos.

A mãe acabou cedendo. Foi um passeio muito agradável, todos amaram a casa, especialmente os filhos de Douglas e Ofélia. De fato, era uma residência muito bonita, espaçosa, a menos de uma quadra da praia, o que era melhor.

— Nós não merecemos uma casa assim. — comentou a mãe, humildemente.

— Merecem sim, mamãe. Merecem isso e muito mais! — respondeu, abraçando-a e lhe beijando a face afetuosamente.

Após um breve passeio pela praia, Wagner os levou de volta para a casa na encosta do morro e depois partiu para São Paulo, sentindo-se feliz por estar conseguindo dar, finalmente, uma vida mais digna para a sua família.

Nas semanas que se seguiram, o pai continuou se recusando a ir conhecer a casa, mas Wagner, pacientemente, afirmou que lhe daria mais algum tempo para pensar. Estava decidido a fazê-lo mudar de ideia custasse o que custasse.

❧❦☙

Semanas depois, Verônica começou a preparar a festa de aniversário para o marido. Seria na própria casa, com todo luxo que poderia dispor, com garçons servindo, muita champanhe, e a nata da sociedade em peso como convidados.

A festa começou pontualmente à hora marcada. A casa, toda iluminada por velas em meio a lindos arranjos de flores estava deslumbrante. Um luxo só. Verônica estava, como sempre, lindamente vestida. Com um vestido, um penteado, uma maquiagem e joias exuberantes.

Estava também felicíssima por ver tudo correndo como havia planejado. Era a primeira festa de aniversário do marido na casa, por isso queria que tudo ocorresse com perfeição, para ser uma data inesquecível para ambos.

Wagner que nunca tivera sequer um bolinho para celebrar a data, sentia-se como se estivesse dentro de um mundo encantado, daqueles só se encontra nos contos de fada.

As duas abotoaduras de ouro, presente da esposa, surpreenderam o moço. Jamais se imaginou usando aquilo, sinônimo de elegância no mundo dos ricos.

Tudo ia bem até que Verônica avistou Évora em meio aos convidados. Pensou em se beliscar para saber se não estava delirando, mal podia acreditar que a ex-amiga havia tido a pachorra de ir à festa sem ter sido convidada.

Évora estava muito bonita dentro de vestido longo, escuro, com um laçarote pouco abaixo do busto, com sapatos no mesmo tom, elegantes, tipo francês. Seu cabelo escuro estava penteado para trás e sua pintura era discreta. Em nada mais lembrava aquela moça de aparência recatada, humilde e submissa. Era uma moça definitivamente mais segura de si.

Verônica, irradiando energia e vivacidade, achegou-se e disse sem nenhuma simpatia:

— O que está fazendo aqui? Que eu saiba, você não foi convidada.

— Você notou, é? — respondeu a moça, mordendo os lábios para evitar sorrir abertamente. — Pensei que ninguém perceberia que eu era penetra.

— Você é muito abusada mesmo! — redarguiu Verônica, irritada.

Évora, amaciando ainda mais o tom, disse:

— Com licença, quero me divertir.

Verônica a segurou imediatamente pelo braço e ao seu ouvido falou, com todas as letras:

— Se você não for embora, agora, mandarei porem-na para fora!

— E você costumava receber tão bem as pessoas em sua casa, hein?

— Pessoas, não vermes como você.

— E você costumava ser tão fina e educada, o que aconteceu? Não, espere! Não foi só isso que mudou em você. Você também costumava ter caráter e respeito pelos outros. Não, espere! Enganei-me outra vez. Isso você nunca teve, eu é que achava que tinha.

— Fora da minha casa. — rugiu Verônica, entre dentes.

E pegando firme no braço da moça, na altura do cotovelo a encaminhou em direção à porta. Nisso Nathália encontrou as duas:

— Algum problema, minha senhora?

— Sim, Nathália. Essa fulana entrou na festa errada. Acompanhe-a até o olho da rua, por favor.

— Pois não.

Assim fez a governanta, o braço direito da dona da casa. A seguir, Verônica ajeitou o cabelo em frente ao espelho, procurou sorrir, despir-se daquele mal-estar passageiro e partiu em busca do marido.

Wagner continuava recebendo elegantemente os cumprimentos dos convidados. Ninguém diria que até pouco tempo atrás o moço vivera em uma casa, caindo aos pedaços aos pés de um morro nas proximidades da cidade de Santos. Seu jeito de se portar era o mesmo de um nobre que nasceu em berço de ouro e só conhecera na vida a riqueza, o luxo e a nobreza.

A esposa achegou-se ao marido e o beijou.

— Está gostando da festa, meu amor?

— Sim, muito.

— Que bom, querido. Você merece. Essa é a primeira de muitas que você vai passar ao meu lado.

Ela tornou a beijá-lo.

O rosto dele então enrijeceu. Tornou-se uma máscara pétrea, sombria.

— O que houve, meu amor?

— O que eles estão fazendo aqui?

Verônica voltou-se no mesmo instante na direção em que o marido olhava. Ao ver Douglas acompanhado de Ofélia que acabavam de chegar à festa, sorriu e explicou:

— Refere-se ao Douglas e sua esposa? Fui eu mesma quem os convidou. Achei que iria gostar.

Nisso Douglas e Ofélia se juntaram a eles. O casal estava elegantemente vestido com as roupas que Verônica comprou-lhes exclusivamente para a ocasião.

— Douglas, Ofélia! — exclamou Verônica, feliz. — Que bom que vocês vieram!

Após cumprimentá-la, ambos deram os parabéns a Wagner.

— Poxa, irmão... — comentou Douglas no seu jeitão simples de se expressar. — Que casão, hein? Que luxo. Nunca vi uma casa tão bonita como esta. E a avenida, então? Pelo tamanho das casas, só deve ter milionário morando aqui.

Nisso Verônica apresentou alguns amigos para o casal. Wagner então pediu licença a todos e puxou a esposa até uma pequena saleta da casa. Douglas, sem saber ao certo o que fazer, seguiu o casal acompanhado da esposa.

Assim que Wagner entrou no aposento, coçou a nuca num gesto desesperador. Seu rosto estava vermelho, seus olhos tanto quanto, de irritação.

— O que foi, meu amor? — assustou-se Verônica. — Você me parece desgostoso com alguma coisa?

— E estou Verônica! — explodiu Wagner, perdendo as estribeiras.

— O que houve?

— Onde você estava com a cabeça quando convidou meu irmão e a esposa dele para virem a essa festa?!

— Achei que iria gostar. Você preza tanto sua família.

— Eles não têm porte para estarem numa festa como esta. Farão você e a mim passarmos vergonha.

— Não é segredo para ninguém sua origem humilde, Wagner.

— Mas eu sei me portar numa festa elegante como esta. Meu irmão e minha cunhada, não! Não passam de dois bichos do mato.

— Eu, sinceramente, achei que ia ficar muito feliz com a presença dos dois... Era uma surpresa... Pensei até em trazer seus pais, mas...

— Ainda bem que não os trouxe. Seria uma vergonha para todos nós.

Nisso, Verônica avistou junto à porta entreaberta Douglas ao lado da esposa e pela face de ambos percebeu que haviam ouvido o pequeno diálogo entre ela e o marido. Seu rosto, em choque, fez com que Wagner olhasse para lá.

Douglas, olhos lacrimejantes, entrou no aposento e perguntou, choroso:

— Você tem vergonha de nós, meu irmão?

— Não é isso, Douglas...

— É isso, sim. Não sou surdo, ouvi muito bem o que disse. Ofélia também. Você tem vergonha de nós!

— É diferente, meu irmão. Eu não os quero aqui para que não passem vergonha e humilhação.

— Para que você não passe vergonha e humilhação.

— Também, Douglas! Não vou negar.

— Somos pobres, sim, não sabemos nos portar numa festa de rico, mas somos honestos, Wagner. Eu não queria vir, Ofélia também não, mas Verônica insistiu, achou que você ficaria feliz.

— Estou feliz, é lógico que estou feliz com a presença de vocês. Só não queria que fosse nessas condições. Que vocês viessem aqui noutra ocasião.

— Quando? Você já se casou há quase um ano e nunca nos trouxe para visitar sua casa.

— Ainda não havia tido a oportunidade.

— Você tem é mesmo vergonha de nós! De mim, da minha esposa, dos meus filhos e o que é pior, do papai e da mamãe.

— Não ponha palavras em minha boca, Douglas!

O moço enxugou as lágrimas que começavam a riscar sua face, voltou-se para Verônica e pediu:

— Eu quero ir embora, Verônica. Agora. Será que você pode pedir ao seu chofer que nos leve?

Verônica, mordendo os lábios, aflita, voltou-se para o marido na esperança de que ele dissesse alguma coisa, mas ao vê-lo fugindo dos olhos dela, achou por bem fazer o que o cunhado lhes pedia.

— Sim, Douglas. Vou pedir para levá-los agora mesmo. Acompanhem-me.

Wagner não se despediu dos dois, sentou-se na poltrona e procurou dissipar a tensão por meio da respiração pausada e profunda. De seus olhos agora caíam lágrimas. Ele tratou de enxugá-las e recuperar seu semblante bonito e sereno. Não ficaria bem voltar para junto dos convidados naquele estado. Minutos depois, era o mesmo do começo da festa, sorridente e com ares de realeza. Conversando com todos, esbanjando sorrisos, bebendo e comendo como os nobres.

Douglas e Ofélia voltaram para casa, sentados lado a lado no carro, abraçadinhos, em silêncio. O chofer tentou puxar papo, mas nenhum dos dois parecia disposto a entabular uma conversa. Dos olhos do moço ainda escorriam lágrimas de decepção com o irmão: o irmão que tanto amava e sempre admirou. Seria por isso que o pai passara a tratar Wagner daquele modo tão frio e indiferente depois que ele se casara com Verônica Linhares? Porque percebeu que ele tinha vergonha deles?, indagou-se. Sim, só podia ser. O pai sempre compreendera os dois filhos melhor do que eles próprios. Ele também deveria estar decepcionado com Wagner, profundamente decepcionado como agora estava com ele.

A festa terminou sem maiores atropelos. Quando o casal se recolheu ao quarto, diante do silêncio do marido, Verônica perguntou:

— Você está tão calado, querido. Não me disse se gostou da festa...

— Estou apenas cansado, Verônica.

Ela o abraçou por trás e perguntou, enquanto acariciava seu peito:

— Tirando aquele pequeno incidente você gostou ou não da festa?

— Gostei, é claro que gostei. É que, na maioria das vezes, um pequeno detalhe, ainda que mínimo, é capaz de estragar tudo que era para ser perfeito.

— Perdoe-me pelo que fiz, eu só queria...

— Eu já sei. Está perdoada. Só não quero mais falar sobre isso.

Verônica dormiu aquela noite se perguntando se Wagner realmente, no íntimo, sentia vergonha da família. Ao que tudo indicava, sim. Também, não era para menos. Pobres como eram, quem não sentiria vergonha, estando na condição social que ele se encontrava agora? Ela realmente não deveria ter convidado o cunhado e a cunhada para a ocasião, de fato, os dois não combinavam com o evento, não combinavam com nada do meio social ao qual Wagner pertencia agora. E tudo graças a ela.

Foi pensando em Évora, que Verônica pegou no sono aquela noite. Na sua petulância e ousadia de ir à festa de aniversário do ex-noivo sem ter sido convidada. Évora tornara-se mesmo uma mulher petulante. Nada nela lembrava mais a jovem frágil e meiga que conhecera no passado. Nada mais...

CAPÍTULO 9

Dias depois, Wagner Cálio chegava à casa de sua família.

— Olá, mamãe, como vai?

Beijou-a, ternamente, como sempre, depois cumprimentou os sobrinhos e a cunhada.

— Ofélia, o Douglas está aí? Preciso falar com ele.

— Está cuidando da plantação de bananas.

Voltando-se para o sobrinho mais velho, Wagner pediu-lhe, gentilmente que fosse chamar o pai. O menino atendeu o pedido no mesmo instante. Minutos depois, Douglas entrava pela porta da humilde casa. Estava sério, os olhos vermelhos, entristecidos. Wagner o cumprimentou calorosamente, mas ele o tratou com uma frieza jamais vista. Parecia seu pai dos últimos meses.

— Eu vim aqui para vê-los. — falou com sinceridade. — Saber se estão precisando de alguma coisa e também para lhe pedir desculpas pelo que disse na festa, meu irmão. Acho que você me entendeu mal.

— Entendi muito bem o que disse, Wagner, não sou surdo. Apesar do agito da festa, você falou alto o suficiente para eu e Ofélia ouvirmos.

Voltando-se para a mãe, Wagner pediu auxilio:

— Mamãe, será que a senhora pode me ajudar a explicar para o Douglas e para a Ofélia o porquê de eu não querer os dois naquela noite em casa?

Douglas se adiantou na resposta:

— Você não nos queria lá porque sente vergonha de nós, Wagner.

Mas você está certo; agora é um homem rico e poderoso. O que somos nós perto de você? Nada, simplesmente nada.

— Vocês são a minha família, meu irmão. As pessoas que mais prezo na vida além da mulher que amo.

— Você só está dizendo isso da boca para fora.

— Não, Douglas. Falo a verdade. Vocês são tudo o que eu tenho na vida. Amo vocês, penso em vocês a todo momento, se não pensasse, não viria aqui lhes trazer roupa e dinheiro para ajudá-los a ter uma vida mais digna. Não estaria com uma casa praticamente comprada em Santos para vocês se mudarem para lá. Você sabe que eu o amo, Douglas. Não seja injusto comigo.

— Eu admirava você...

— Você pode continuar me admirando porque meus sentimentos por você, por sua esposa, seus filhos, papai, mamãe são verdadeiros.

O moço abaixou a cabeça e começou a chorar. Todos ali derramaram-se em lágrimas. Subitamente, o irmão mais velho foi até o mais novo e o abraçou forte e calorosamente. Os dois permaneceram abraçados um ao outro enquanto choravam, sentidos.

— Eu o amo, meu irmão. — desabafava Wagner, com sinceridade. — Eu só queria protegê-los... Só quero protegê-los... Perdoa-me.

Douglas recuou o rosto e encarou o irmão com seus olhos vermelhos tomados de emoção:

— Você e o papai foram sempre os meus melhores amigos.

— Eu sei. — respondeu Wagner emocionado. — Você e o papai também são os meus melhores amigos.

Ambos sorriram e enxugaram as lágrimas. A paz havia voltado a reinar entre todos. Retomando seu tom alegre de se expressar, Wagner voltou-se para a mãe e disse:

— Está na hora do café, mamãe! Coe um café fresquinho e sentemos à mesa como nos velhos tempos para saboreá-lo acompanhado de gostosas e fartas fatias de pão.

Assim foi feito.

Foi quando pegou a faca para passar a manteiga no pão que Wagner se deu conta de algo muito estranho ali. Olhando bem para a faca, com a testa franzida, perguntou:

— Cadê o faqueiro novinho que dei para vocês? É para usá-lo no dia a dia, já, agora. Não é para deixá-lo guardado. Esses talheres aqui já deveriam ter sido aposentados faz tempo.

Diante do silêncio de todos, fugindo dos olhares, Wagner perguntou:

— O que está acontecendo aqui? Por que vocês estão com essa cara de tacho? Estão, por acaso, escondendo alguma coisa de mim?

Foi um dos sobrinhos quem explicou:

— O vovô proibiu a gente de usar o que o senhor nos deu, titio.

— O faqueiro?! É mesmo, mamãe?

O sobrinho acrescentou:

— O vovô não quer que a gente use nada do que o senhor nos dá.

Wagner tornou a repetir a pergunta para a mãe.

— Filho, você sabe como seu pai é...

— É um turrão orgulhoso, mesmo!

— Filho...

— Se ele gosta da pobreza, da miséria, tudo bem, é um direito dele, que fique com ela, mas não é certo que os impeça de terem uma vida melhor. Vou conversar com ele.

— Tenha calma, filho. Seu pai está velho e velho tem suas manias e fraquezas...

— Papai não pensa assim porque está velho, mamãe. Pensa assim porque foi sempre orgulhoso. Vou falar com ele e volto já.

Minutos depois, encontrava-se junto ao pai que, como nas vezes anteriores, parecia fazer questão de ignorar a sua presença.

— Papai, soube agora há pouco que não quer que usem o faqueiro que dei a vocês com tanto carinho. Se o senhor não quer usá-lo tudo bem, só não acho certo que exija da mamãe e da família de Douglas o mesmo comportamento.

Ele continuou em silêncio. Wagner, respirou fundo, para manter a calma e prosseguiu:

— Papai, quanto a casa que quero comprar para vocês em Santos, por favor, venha comigo vê-la, aguardo por sua resposta há semanas... Quero saber a sua opinião.

Finalmente, olhando-o, seriamente, falou:

— Eu jamais sairei desta casa, Wagner.

— Papai, por favor.

— Quantas vezes eu vou ter de repetir que não quero nada que vem de você?

Suas palavras desta vez feriram o moço.

— Então o senhor ficará morando aqui sozinho porque eu vou levar a mamãe e o Douglas com a família dele para morar em Santos.

— Eles não irão.

— Irão, sim! E o senhor também irá!

O pai fez ar de mofa e voltou a se concentrar no que fazia.

Wagner então voltou a casa e disse a todos:

— Eta homem difícil de ser dobrado. Mas eu o dobro. Vocês verão!

O moço voltou para São Paulo, sentindo-se feliz por ter reatado a amizade com o irmão e disposto, mais do que tudo., a convencer o pai a aceitar seus presentes,ter, enfim, uma vida mais digna.

Uma semana depois, Wagner estava novamente na casa dos pais.

— Mamãe, a senhora sabe que até foi bom o papai ter impedido vocês de usarem os utensílios domésticos, o enxoval de cama, mesa e banho novinhos que comprei para vocês, pois assim poderão entrar na casa nova usando somente o que há de novo.

A mãe, inclinada para acender o fogão a lenha, levantou os olhos, em alerta. Seu nariz comprido tremelicou. Foi mais uma vez o sobrinho quem pôs o tio a par do que acontecia na casa:

— O vovô, titio, na última semana, deu tudo o que o senhor nos deu para os pobres.

Wagner deixou o pedaço de torrada, que tinha às mãos, cair na mesa.

— O que foi que você disse?! Não precisa repetir, não! Ouvi muito bem!

Seu rosto escureceu.

— Não vou suportar mais esse velho importunando os meus planos. — explodiu, batendo a palma da mão com toda força sobre a mesa. — Quem pensa que é? Ele não tem esse direito. Não tem!

Todos ficaram imediatamente surpresos com a transformação operada em Wagner. A calma desaparecera, o nervosismo e a irritação agora o dominavam por completo. Ele circulou o olhar pela cozinha, passando de rosto em rosto, olhar em olhar dos presentes, esperando que alguém dissesse alguma coisa. Diante da reclusão, tornou a explodir:

— Será que não há ninguém aqui capaz de se opor ao nosso pai?! Enfrentá-lo?! São todos uns cordeirinhos, é?

— Filho, seu pai é o chefe da casa, temos de respeitar suas ordens.

Wagner bufou, irritado.

— Espero que tudo isso passe, assim que vocês se mudarem para...

— Filho... Nós não vamos nos mudar para a casa em Santos. Eu queria muito lhe dizer isso, todos nós, na verdade, mas não sabíamos como. Agradecemos a sua preocupação conosco, mas...

— Vocês não vão se mudar para aquela casa linda à beira mar? Como assim, não vão?! Por quê?

Foi Douglas quem respondeu:

— Porque o papai não quer.

— Pois ele que fique!

— Nós não podemos deixá-lo morando aqui sozinho, meu irmão. É o nosso pai...

— Eu não me conformo com uma coisa dessas!

Wagner saltou da cadeira feito uma mola e começou a andar de um lado para o outro, enquanto aumentava a agitação em sua cabeça. Seus passos acabaram levando-o para fora da casa, e lá tomou a decisão de ir atrás do pai, cruzou o jardim e seguiu para a pequena plantação de milho que ficava na encosta do morro. Logo o encontrou sentado sobre uma tora velha, sozinho, fumando um cigarrinho de palha.

110

— Escuta aqui! — foi logo dizendo. — Estou cansado dessa sua mania de pobreza. O senhor vai mudar de casa, sim!

Ele mirou o filho com um olhar grave e infeliz ao mesmo tempo. Porém, nada disse. Wagner impostou a voz:

— Sabe qual é o seu problema, meu pai? É que o senhor sente inveja de mim. Sente inveja por eu ter ficado rico, por viver numa casa luxuosa, na melhor avenida de São Paulo, do estado e do país. O senhor não se conforma, não é? Vamos, confesse para si mesmo. É duro ver alguém como eu, jovem, tão bem sucedido financeiramente na vida, não é mesmo? Ainda mais sem ter a necessidade de acordar com as galinhas, trabalhar de sol a sol para conseguir uma miséria no fim do mês que mal dá para pagar o arroz e o feijão, o pão e o café de todo dia. É inveja, não é? Sei que é. Só pode ser. Eu compreendo. Se estivesse no seu lugar talvez eu mesmo sentisse inveja.

O homem, encolhido, olhava com grande atenção para o cigarro de palha como se existisse só ele ao seu redor. Wagner, descontrolado, continuava soltando o verbo:

— Só o senhor mesmo para querer viver nessa miséria! Por isso nunca conseguiu nada na vida. Porque só valorizou a miséria, a pobreza, a imundície... São delas que o senhor gosta, não é?! Pois então viva e morra no meio delas. Seu pobretão, jacu, ignorante. É isso que o senhor é: um ignorante. Analfabeto e ignorante.

O pai continuava ouvindo-o, sem demonstrar abalo algum por suas palavras tão virulentas.

— O senhor deveria sentir orgulho de mim por eu estar aonde estou. Por ter condições de ajudar a minha família a melhorar sua qualidade de vida. Morar numa casa de rico, uma casa própria, num bairro nobre de uma cidade, o melhor da cidade, à beira mar.

O desabafo final encerrou-se com lágrimas:

— O senhor me decepciona muito, agindo assim, meu pai.

— Pois você me decepciona tanto quanto, Wagner. Jamais pensei que chegaria a esse ponto.

— O senhor é um injusto.

111

— Eu não quero nada que vem de você; não dessa forma. Tudo o que conquistou não foi por mérito próprio foi por meio de um casamento, se sua esposa não fosse rica, você...

— O problema é ela, não é, papai? É Verônica, ou melhor é o fato de ela ser rica que o incomoda tanto, não?

— Você sabe muito bem qual é o problema, Wagner. Não me force a dizê-lo.

Uma sombra de inquietação cobriu o rosto do rapaz.

— Talvez eu devesse dizer... — acrescentou o pai, lentamente, estudando atentamente os olhos do filho.

— O senhor... — murmurou Wagner, com ar de dúvida.

— Sim, Wagner... — adiantou-se o pai, sacudindo a cabeça sapientemente.

O moço considerou por um momento, depois disse:

— O senhor me trata assim porque sente mesmo inveja de mim.

— Inveja de você, Wagner? Eu sinto é pena de você. Muita pena.

— Pena?!

— Sim, Wagner, pena... Muita pena. — repetiu o pai bastante certo do que dizia.

Wagner, rubro, deixou o local apressadamente, deixando um olhar para o pai cheio de ressentimento. O pobre homem permaneceu sentado, seguindo atentamente o filho com os olhos. Em toda sua vida nunca seu rosto tivera tal expressão de tristeza como agora.

Nos meses que se seguiram Wagner acabou desistindo, ao menos por um tempo, dos planos grandiosos que tinha para sua família.

❧❦

O dono de uma das cantinas italianas mais apreciadas pela elite paulistana deixou o caixa onde estava sentado assim que avistou Wagner Cálio entrando na companhia de Verônica Linhares. A mão que estendeu a Wagner era calorosa e suada.

— Sejam muito bem-vindos. Mesa para dois? É para já.

Foi o próprio proprietário quem gentilmente guiou o casal até a melhor mesa do restaurante, disponível naquele momento.

Além da comida, a música ao vivo era o que mais agradava aos fregueses.

— Sempre gostei de restaurantes com música ao vivo. — comentou Wagner com a esposa. — Infelizmente, no passado, pouco podia frequentá-los, agora...

— Agora é diferente, meu amor. Você pode frequentá-los todos os dias se quiser.

— Eu sei...

Ao som do piano, Wagner sorriu:

— Essa é uma das minhas músicas favoritas.

— É?! Vamos ouvi-la, então.

Ao término da canção, um dos músicos anunciou a todos:

— Senhoras e senhores, temos uma convidada especial para alegrar esta noite. Recebam com carinho, Évora Soares.

Levou alguns segundos para que Verônica se desse conta do que realmente ouvira. Assim que viu Évora juntar-se aos músicos, estremeceu; ela estava lindamente trajada, com um vestido que realçava suas curvas, um penteado que destacava seu rosto...

— O que essa sonsa está fazendo aqui? — murmurou Verônica de cenho franzido.

— Relaxe, meu bem. Não permita que ela estrague a nossa noite.

— Ela voltou a nos seguir, novamente.

— Que nada. Foi apenas uma coincidência.

Nisso Évora começou a cantar com sua voz doce e alegre a famosa canção "Tá-hi!" só que em ritmo lento, acompanhada apenas de um piano:

"Taí eu fiz tudo pra você gostar de mim. Ai meu bem não faz assim comigo não. Você tem você tem que me dar seu coração. Essa história de gostar de alguém. Já é mania que as pessoas têm. Se me ajudasse Nosso Senhor eu não pensaria mais no amor..."*

O modo como interpretou a letra da música, olhando fixamente para Wagner, incomodou Verônica, extremamente.

---

*Composição de Joubert de Carvalho, 1930. (N. do A.)

— Vamos embora, Wagner. — disse, impaciente.

— Relaxe, meu bem. Não deixe que ela a perturbe outra vez.

Após uma salva de palma, Évora entoou uma outra melodia:

"O teu cabelo não nega mulata porque és mulata na cor. Mas como a cor não pega mulata. Mulata eu quero o teu amor. Quem te inventou meu pancadão. Teve uma consagração. A lua te invejando faz careta. Porque mulata tu não és deste planeta".*

Verônica estava subindo pelas paredes tamanha a irritação. Seu estado piorou quando avistou Rogério Meireles sentando a uma mesa, no outro extremo do restaurante. Acompanhado de uma moça, ele olhava discretamente na sua direção, parecendo sentir prazer em vê-la incomodada pela ex-grande amiga.

— Vamos embora, Wagner. — falou, decidida a dar um basta, o quanto mais rápido possível, naquela desagradável situação.

— Nós nem terminamos de comer e a comida está uma delícia.

— Pouco me importa. Só não quero ficar aqui nem por mais um minuto. Como se não bastasse a presença de Évora, Rogério Meireles, meu ex-noivo também está aqui olhando para mim com seu cinismo insuportável de sempre. Por isso, vamos embora.

Assim que os dois ganharam a rua, Verônica desabafou:

— Eu tenho de ser franca comigo, com você, com a vida: eu odeio aquela mulher! Odeio!

— Acalme-se, Évora.

— Évora?! Você me chamou de Évora?!

— Ah... chamei, é? — desculpou-se Wagner, rindo, maroto.

— Não gostei nada da brincadeira.

O moço riu-se, atirando a cabeça para trás. O gesto deixou Verônica ainda mais enfurecida:

— Eu já havia até me esquecido que aquela lambisgóia existia. Não a víamos desde a Europa. Só espero que ela não comece a nos seguir novamente; se fizer, eu a denuncio à polícia. Denuncio, sim. Somente com ela atrás das grades para eu ficar sossegada.

*Composição de Lamartine Babo-Irmãos Valença, 1931. (N. do A.)

— Não exagere, Verônica.

— Como se não bastasse, encontrei aquele chato do Rogério.

— Seu ex-noivo, com quem estava prestes a se casar, um chato?

— Sempre foi. Não sei como o aguentei por tanto tempo. Não sei aonde estava com a cabeça quando aceitei me casar com ele. Sinceramente, não sei... Você notou como a maluca engordou? O Rogério também está mais gordo desde a última vez em que o vi. Tomara que os dois acabem feios e obesos por tudo que me fizeram passar.

<hr />

Já havia se passado um ano e meio desde o casamento de Verônica Linhares e Wagner Cálio quando ela, para sua surpresa, encontrou Évora Soares, sem querer, no melhor salão de beleza de São Paulo. Verônica fazia as unhas e o cabelo quando Évora apareceu para fazer o cabelo. Assim que ambas se viram, algo se agitou dentro delas. Verônica procurou manter a calma, enquanto Évora procurou ficar indiferente a sua presença. Ambas não se viam desde a festa de aniversário de Wagner, quando Verônica a expulsou de sua casa, sem dó nem piedade.

Os funcionários do lugar que conheciam a rivalidade de ambas se alvoroçaram como mosquitos ao redor das lâmpadas quando chega o verão.

Verônica foi a primeira a deixar o local. Ao sair, para sua surpresa, encontrou Rogério Meireles estacionando o carro. O reencontro causou-lhe um certo furor.

— Olá, Verônica. — disse ele, seriamente.

O moço que havia dito poucas e boas quando ela terminou o noivado e que chegou a jurar que ela se arrependeria de tê-lo trocado pelo jardineiro pobretão, olhava-a com olhos ainda tomados de ressentimento e revolta.

— Como vai, Rogério?

— Bem. E você?

— Bem, também.

Os dois permaneceram parados, com os olhos indo e vindo um do outro até que ela se despediu e entrou no carro. Rogério permaneceu na calçada, observando o veículo partir. Sem saber ao certo por que olhou para trás, ao vê-lo observando o seu carro, Verônica arrepiou-se. Subitamente uma pergunta atravessou seu cérebro: o que Rogério Meireles estava indo fazer num salão de beleza repleto de mulheres? A imagem de Évora assumiu o campo visual da sua mente.

— Évora... — murmurou ela. — Rogério...

Sua testa franziu ao indagar aos céus: teriam os dois alguma ligação? Teriam se unido para atormentar a ela e a Wagner como vingança por terem dado o fora neles? Não, não podia ser...

Verônica recordou-se a seguir da resposta que Évora deu a sua pergunta: *"Afinal, Évora, com que dinheiro você veio para cá?!"* . Ela se referia a Europa. *"...Tia Genoveva faleceu e deixou parte de sua herança para mim."*

Talvez não houvesse tia alguma. Ela fora para a Europa bancada por Rogério. Sim, por que não? Ele tinha dinheiro suficiente para bancar sua viagem e mais, para obter informações a respeito do roteiro que ela e Wagner fariam durante a lua-de-mel.

Verônica ficou cismada desde então, disposta a descobrir a verdade. Se o que concluiu fosse verdadeiro, ela daria parte dos dois à Polícia e tanto Rogério quanto Évora haveriam de pagar por tudo que fizeram, principalmente a ela, durante sua trágica e perturbada lua-de-mel.

CAPÍTULO 10

Disposta a descobrir se realmente Rogério e Évora tinham alguma ligação, Verônica pediu a Nathália que fosse até o salão de beleza e descobrisse onde Évora estava morando.

— O endereço está aqui, dona Verônica. — disse a mulher entregando à patroa o endereço que havia conseguido e anotado num pedaço de papel.

— Obrigada, Nathália. Agora vou poder confirmar se o que penso é realmente verdade e se for, ah, eles vão pagar por terem estragado a minha lua-de-mel.

— Dona Verônica, desculpe-me intrometer, mas a senhora não acha perigoso se envolver com esse tipo de gente? Contrate um detetive para averiguar o caso, já ouvi falar que São Paulo tem uns bons e por um preço bastante razoável, se bem que isso não importa para a senhora, não é mesmo?

— Não, mesmo, Nathália. Dinheiro para mim nunca foi problema, nem nunca será.

— Que bom! Que bom que com a senhora é diferente.

A mulher pediu licença e ia se retirando quando Verônica chamou por ela:

— Nathália, você por acaso se ressente com a vida por ter nascido pobre?

A mulher pareceu escolher bem as palavras para responder à pergunta:

— Não, senhora. Aceito minha condição social de bom grado. Há males piores.

— Como quais?

— A cegueira, a lepra, a falta de amor, a falta de respeito por si próprio, de fé em Deus. A total falta de saúde. Sou uma mulher quem sempre foi muito grata a tudo que a vida me deu.

— Grata?

— Mas a vida não lhe deu nada!

— Deu-me saúde, senhora. Sou uma mulher saudável. Deu-me amor, sou uma mulher amada por meu marido e por minha filha. Tenho disposição para trabalhar, sou feliz, tenho Deus, ou melhor, sinto Deus ao meu lado constantemente... O que se pode querer mais da vida?

— Talvez sua ambição seja muito pequena, Nathália.

— Talvez... Mas antes ter uma ambição pequena do que uma infelicidade tamanha e um descontentamento com tudo, eternamente.

Ouvindo aquelas palavras, Verônica arrepiou-se.

— Posso me retirar agora, madame?

— S-sim, lógico... Pode ir...

A resposta da governanta a quem estimava tanto deixou Verônica realmente perturbada.

❧❦

No dia seguinte, Verônica quis ver com os próprios olhos onde Évora estava morando. A seu pedido o chofer parou a quase uma quadra do local. Achou melhor ir a pé, para não chamar atenção. Vestia um vestido mais simples e um penteado mais discreto também para não chamar atenção dos passantes. O local onde Évora morava ficava bem no centro da cidade, um lugar movimentado, com pedestres indo e vindo sem parar.

Diante do número procurado da rua, ela parou. Analisou por alguns segundos a fachada da casa, um local simples e ousou satisfazer a sua curiosidade: abriu o portão e subiu o lance de escadas que levava até a porta da frente da casa. Discretamente, encostou o ouvido contra a porta para ouvir se havia alguém em seu interior; diante do silêncio, acreditou não haver ninguém por lá. Sem perceber, pousou a mão na maçaneta que, para sua surpresa, destravou a porta.

A curiosidade voltou a açoitar sua alma. Deveria ou não entrar? Questionou-se. Sim, por que não, se não havia ninguém na casa? Ela queria saber como era o interior do lugar onde Évora morava e quem sabe descobrir algo que a ligasse a Rogério Meireles. Que indicasse que os dois haviam se unido para destruir sua lua-de-mel na Europa.

Deixando a insegurança de lado, Verônica adentrou o recinto. O interior indicava total ausência dos moradores. Por um minuto, analisou cada canto da humilde sala que não era tão humilde, como pensou. As paredes eram decoradas por um bonito papel de parede, importado com certeza, e os móveis eram de madeira nobre, de fino trato.

À sua esquerda havia uma porta fechada. À direita, duas portas abertas mostravam um quarto de dormir e um banheiro suntuosamente decorado com azulejos brilhantes e uma banheira embutida no chão.

Vozes então quebraram o silêncio. Pareciam vir do aposento de portas fechadas. Era a voz de um homem entrelaçada a de uma mulher. "Rogério...", pensou Verônica, "pegarei os dois com a boca na botija." Diante da porta fechada, Verônica parou, examinando-a de cima a baixo, incerta quanto ao que fazer. Estava suando frio, notou, e o coração batia disparado. Ainda que escutar atrás das portas fosse deselegante, Verônica abaixou até a altura da fechadura e ficou na escuta. Precisava, para poder desmascarar os dois mais tarde.

Espantou-se, ao perceber que a voz do homem não era a de Rogério, mas sim de Wagner, seu Wagner, seu amado marido.

Cadeiras, ao moverem-se, arranharam o assoalho, fazendo um rangido perturbador. O barulho fez com que Verônica recuasse o corpo e se decidisse a partir. Estava prestes a deixar o local quando uma força tomou-a por inteira, dando-lhe coragem para abrir aquela porta e desvendar o que ocultava. Assim ela fez.

Verônica parou, estática. Sua boca se abriu e fechou. O que via, parecia cena de pesadelo. Imóvel, apenas seus olhos pareciam ter vida, concentrados em Wagner, segurando, firmemente, os dois ombros de Évora.

A moça vestia um vestido de lã branca, e seus cabelos castanhos lhe caíam pelos dois lados do rosto. Nunca estivera tão bonita.

Voltando a vista para a direita, Verônica viu, no espelho dependurado na parede, a sua própria imagem, onde o horror se estampava.

Livre da paralisia momentânea, Wagner atirou a cabeça para trás e gritou:

— Não é nada disso que você está pensando, Verônica!

Évora ficou sem reação, permanecia parada, com os lábios firmemente apertados, olhando para a cena, com olhos abobados.

Verônica voltou a olhar para Wagner; depois para Évora. Foi então que uma catadupa de palavras obscenas jorrou de seus lábios. Mais alto, entretanto, soou a voz de Wagner:

— Verônica!

Desesperada, a moça correu para fora da casa. Tinha a impressão de ter levado uma paulada na cabeça. Repetia para si mesma, insistentemente: "Não posso acreditar... não posso acreditar...". Ela já estava tomando a calçada quando Wagner a segurou por trás, pelo braço.

— Verônica, espere!

Ela voltou-se para ele como um relâmpago. Seus olhos, vermelhos, explodiam em lágrimas. O choque a fez falar sem pensar.

— Você e ela, juntos, naquele quarto...

Começou a soluçar histericamente. Wagner se apressou em lançar óleo sobre as águas revoltas. Sacudiu a esposa, fê-la olhar para ele e pediu:

— Não dê escândalo, por favor. As pessoas estão olhando. Vamos para casa, lá explico tudo para você.

Ele acompanhou a esposa até o carro dela guiado pelo chofer e depois foi apanhar o seu estacionado a poucos metros da casa de Évora. Quando chegou a casa, Verônica já se encontrava na sala, escorada contra uma parede, com seus olhos borrados de tanto chorar, por mais que tentasse não conseguia parar. Ele achegou-se a ela, pegou em seus braços e a fez sentar-se no sofá. Então disse, autoritariamente:

— Acalme-se, por favor. Não tire conclusões apressadas.

Verônica não se conteve, explodiu:

— Eu vi, com meus próprios olhos, vocês dois, juntos. Juntos naquele quarto!

— Sim, você viu. Não nego. Só deduziu errado o que estávamos fazendo ali.

Verônica fechou os olhos e quando tudo lhe voltou à memória ela disse, com pesar:

— Você ia se deitar com ela, não é mesmo?

Wagner levantou-se, pegou uma taça da cristaleira, encheu-a de licor e entregou à esposa:

— Não quero.

Ele a forçou a segurá-la e beber.

— Vai alegrá-la.

Ela acabou aceitando a sugestão, mas parecia estar pensando em alguma coisa, enquanto a bebida descia suavemente por sua garganta.

— Beba até a última gota. — ordenou ele, seriamente. — Isso mesmo! Conversaremos melhor assim que você estiver mais calma.

Verônica remexeu tanto nos cabelos, de nervoso, que eles subitamente se soltaram e caíram-lhe sobre o rosto, como uma cortina.

Wagner tornou a se sentar ao lado dela e com um único e hábil movimento, afastou os cabelos negros que escondiam seu rosto quase inteiramente. Quando seus olhos se encontraram com os dela, ele disse amavelmente:

— Está mais calma, agora?

Ela fugiu do seu olhar. Demorou alguns momentos para responder:

— Acho que, sim...

Wagner respirou fundo e deu então as devidas explicações:

— Eu fui até à casa de Évora para lhe fazer um pedido muito sério.

— Por que na casa dela? Conversassem na rua.

— Porque não queria ser interrompido por ninguém. Como lhe disse, tinha algo muito sério a falar com ela.

— O que de tão sério?

— Fui lhe pedir que conversasse com meu pai.

— Seu pai, por quê?

— Para que ele não se aborreça mais por eu ter me casado com você e assim aceite a casa que quero comprar para ele morar com minha família em Santos.

— E o que ela disse?

— Ela não disse nada, não houve tempo, você chegou!

Fez se um breve silêncio até que Verônica, inesperadamente, dissesse:

— Eu não suportaria uma traição, Wagner. Não suportaria jamais! Eu acho que morreria de desgosto se fosse traída por você. Morreria! Se só de imaginar uma traição é dolorido, confirmar tal fato deve ser a morte para uma pessoa.

— Eu faço ideia.

— Você nunca foi traído, foi?

— Não, mas conheço alguém que foi e sofre até hoje por isso. Disse que é algo abominável.

Verônica, mais tranquila, levantou-se, foi à janela e olhou para o jardim, bem como para uma roseira, com muitas rosas vermelhas se abrindo.

Voltou a sua lembrança, Évora cantando a cantiga de criança "O cravo e a rosa". A lembrança a fez arrepiar-se inteira.

Wagner, então, soltou uma risada tão em desacordo com o momento, que fez com que Verônica o encarasse com surpresa.

— Você acreditou mesmo que eu seria capaz de traí-la? — quis saber ele, às gargalhadas.

Verônica, um pouco embaraçada, respondeu:

— Sim, por que não? Tantos homens casados traem suas mulheres. Desculpe-me, sinceramente desculpe-me por ter pensado que... você... seria capaz de me trair. Tem sido um esposo maravilhoso, o melhor esposo que uma mulher pode desejar. Deus, como tive sorte de ter encontrado você, Wagner... Sorte mesmo! Por você sou capaz de fazer qualquer coisa...

— Qualquer coisa mesmo?

— Sim. Qualquer coisa.

Verônica agora olhava com novos olhos para o marido em pé, à sua frente, com os olhos ligeiramente protuberantes fixos nela. Seu rosto, então, subitamente se tornou sério.

— Agora que já me expliquei... — disse, lançando um olhar tão perscrutador, tão, sim, desconfiado, que fez Verônica titubear. — Você pode me responder o que estava fazendo na casa de Évora àquela hora? Como soube que ela morava lá, como entrou?

Verônica explicou tudo tim-tim por tim-tim. Ao final, Wagner, olhando desconfiado para a esposa, perguntou:

— Você acha mesmo que Évora e Rogério estão unidos contra nós?

— Sim, só podem! Só ele poderia ter conseguido na agência de viagens o itinerário da nossa viagem na Europa. Teria condições financeiras de dar uma boa gorjeta para o funcionário que lhe desse a informação. Só ele poderia também ter pago as passagens de avião e a estadia de Évora na Europa por todos aqueles dias... Ela diz que herdou o dinheiro de uma tia, mas pelo que sei, sua família toda era muito pobre. Nunca ouvi falar de tia alguma com condições de lhe deixar uma herança. Essa tia, ela inventou para poder explicar com que dinheiro estava conseguindo pagar a viagem.

— Será mesmo que foi Rogério quem...

— Bolou todo esse plano? Foi. E quando tiver provas contra ele, eu o entregarei à polícia.

Houve uma breve pausa até que ela comentasse:

— Só há uma coisa em tudo que me contou que não entendi.

— O que, por exemplo?

— Por que vocês estavam naquele quarto a portas fechadas?

— A porta não estava fechada a priori. Foi uma rajada de vento que a fechou, bateu com tudo, pouco antes de você chegar.

— Uma rajada de vento?

— Sim. E por causa dessa maldita rajada de vento eu quase perco a mulher que amo, hein? Oh, rajada infeliz...

Verônica riu, Wagner também. A seguir, ela abraçou forte o marido e encostando o rosto no seu peito, desabafou:

— Oh, Wagner, eu o amo. Amo muito. Se você me deixar, eu morro, se você morrer, morro em seguida. Eu o amo, amo mais que tudo.

O rapaz abraçou-a ainda mais forte. Sentindo-se confortada em seus braços, Verônica declarou:

— Podemos agora encomendar um neném? Quero muito ter um filho seu.

— Eu também, meu amor. Mas ainda acho que é cedo. Aguardemos um pouco mais. Para que possamos viajar, aproveitar melhor a vida... Segundo dizem, depois que se tem filhos, viagens tornam-se impossíveis de serem feitas pelos casais.

— Você disse filhos?

— Sim, filhos, por que não? Sempre quis ter mais de um. Pelo menos quatro.

— Quatro é um bom número. Não há nada mais chato que ser filho único.

Ela tornou a abraçá-lo forte e carinhosamente e declarar:

— Oh, Wagner... Eu o amo tanto... Tanto... Você foi a melhor coisa que aconteceu na minha vida.

CAPÍTULO 11

Nos meses que se seguiram, Verônica acabou deixando de lado sua cisma a respeito de Évora e Rogério Meireles. Uma vez que a moça não mais os importunara, estava disposta a pôr um ponto final em toda aquela história.

Infelizmente, para total decepção de Wagner, seu pai não voltou atrás na sua recusa de se mudar para a casa que estava disposto a comprar para a família em Santos.

— Mas Évora não falou com ele? — questionou Verônica, diante da teimosia do sogro.

— Falou, mas mesmo assim, ele não cedeu. É um teimoso mesmo, teimoso como uma mula.

— Posso falar com ele, se preferir, Wagner.

A sugestão deixou-o estranhamente alarmado.

— N-não... não... é melhor, não. Ele é capaz de ofendê-la se tentar... Não quero complicar ainda mais as coisas entre nós.

— Está bem, se é assim que você quer.

Ela encerrou o assunto, beijando-lhe a testa, carinhosamente.

Tudo o que Verônica mais queria era fazer o marido feliz. Chegou a pensar em procurar o sogro, às escondidas, para pedir-lhe que aceitasse se mudar para a casa que o marido queria lhes dar com tanto gosto. Temeu, porém, que sua intenção fosse mal interpretada pelo homem e, com isso, acabasse, como Wagner temia, prejudicando ainda mais a relação de todos.

Ela via-se empolgada nas últimas semanas, planejando uma nova viagem para a Europa e a construção de uma casa linda em Santos para ela, o marido e os filhos que planejava ter, para passarem fins de semana e férias.

O dia do seu aniversário aproximava-se. Ao perceber que o marido andava misterioso nos últimos dias, deduziu que uma festa surpresa estava sendo-lhe preparada, por isso ela própria não se preocupou em preparar nada para a ocasião. Mas Wagner, mais uma vez, se esqueceu da data. Datas realmente não eram o seu forte, percebeu Verônica, pois até o dia de aniversário do casamento, ele havia se esquecido pela segunda vez.

Diante da frustração da patroa, Nathália comentou:

— Não sei por que o patrão acabou se esquecendo do aniversário da senhora novamente, se uma semana antes da data eu o lembrei.

— Wagner é desligado mesmo, Nathália, o que se há de fazer? Ninguém nasceu perfeito, não é mesmo?

Dias depois, diante da primavera que se abria em flor, Verônica decidiu enfeitar a casa toda com flores. Quis todos os vasos repletos delas. De todos os tipos. Era da opinião de que não havia nada melhor do que flores para alegrar um ambiente.

Certo dia pediu ao chofer que a levasse a uma mulher que cultivava orquídeas nas proximidades do local que viria a ser no futuro, o parque do Ibirapuera. Voltavam para a casa quando ela, pela janela do automóvel, avistou um homem numa praça bastante arborizada, brincando com uma criança. A cena comoveu Verônica, pois a fez se lembrar da época em que o pai a levava às praças, ainda menina, para brincar da mesma forma.

— Pare o carro, por favor. — pediu Verônica, emocionada.

— Aqui? — estranhou o chofer.

— Ali, próximo à praça.

— Pois não.

Assim que o veículo foi estacionado, o prestativo motorista correu para abrir a porta para a patroa.

— Obrigada. Aguarde-me aqui. Vou dar uma volta e volto já.

Por onde Verônica passava, ela se recordava de que quando menina, andava por ali de mãos dadas com o pai. A saudade dele, interminável, apertou ainda mais o seu coração. O pai fazia falta, muita falta... Tanto ele quanto a mãe. Por entre as árvores, Verônica tornou a avistar o homem brincando com a criança, supostamente o pai brincando com o filho ou a filha, não dava para ver direito dali.

Suas pernas a levaram até lá... A cada passo que dava, o sorriso se intensificava na face da moça. De repente, ela se via na criança quando menina e no homem ao lado dela, o pai que tanto amou.

Um passo a mais e o sorriso começou a desmoronar da face de Verônica. Seu olhar de encanto agora era tomado de horror. O homem que brincava com a criança, uma menina, podia ver agora com maior nitidez, era Wagner, seu marido.

— Olha só o patinho, filha. Qué qué! — brincou ele.

A palavra "filha" ecoou na mente de Verônica, assustadoramente. Ainda que trêmula, com a voz por um fio, ela chamou por ele:

— Wagner?!

O moço assustou-se profundamente ao ouvir a voz da esposa soar atrás de si.

Verônica, com lágrima nos olhos, perguntou:

— Você chamou essa criança de filha?

Quando o rosto do moço, ligeiramente sem cor, se voltou para a esposa, as palavras pareciam ter se congelado na sua garganta.

— Responda-me, Wagner! Você chamou mesmo essa criança de filha?

Wagner Cálio parecia ter ficado mudo.

Évora, que estava sentada num banco ali próximo, correu até Verônica e respondeu:

— Foi apenas uma forma carinhosa do Wagner chamar a menina, Verônica.

Verônica, trêmula da cabeça aos pés, virou-se para Évora como um raio e perguntou, abobada:

— V-você, Wagner e essa criança, juntos, aqui... Alguém quer me explicar o que está acontecendo?

A voz de Wagner se sobrepôs à dela:

— Chamei essa menina linda, aqui, de filha, Verônica, porque de fato ela é minha filha.

— C-como isso pode ser possível?

— Você por acaso esqueceu como é que se gera um filho?

Wagner, mordendo os lábios para evitar sorrir abertamente, não se conteve, acabou rindo, por causa da situação e de alívio. Quando voltou a falar, sua voz estava completamente diferente da do Wagner que Verônica conhecia tão bem. Ou pelo menos pensava conhecer. Era de uma frieza implacável:

— Esta linda garotinha é minha filha, sim, Verônica. Minha filha com muito orgulho. Minha com Évora.

— Wagner, por favor... — interveio Évora, tensa.

Wagner riu novamente e, com ar confiante, disse:

— Não se preocupe, Évora. Um dia ela teria de saber a verdade, não é mesmo? Esse dia chegou.

Verônica prendeu a respiração. Levou quase um minuto para dizer:

— Você teve uma filha com ela depois de ter se casado comigo?!

Évora baixou a cabeça e com pesar, repetiu:

— Wagner, não, por favor.

Verônica, subitamente partiu para cima de Évora, mas foi detida pelas mãos fortes do marido. Ela agora se debatia como uma cobra mordida entre seus braços.

— Quieta! — gritou Wagner, como quem tenta amansar uma besta.

Assim que ela amansou, ele a alertou com todas as letras:

— Não se atreva mais a tocar na minha mulher!

As pupilas da esposa arregalaram-se ainda mais:

— Mulher?! Como assim, sua mulher?! Sua mulher sou eu!

Wagner respirou fundo, passou a mão atrás da nuca e disse:

— Não, Verônica. Minha mulher é Évora, sempre foi.

— Você está louco. Você se casou comigo!

— Posso ter casado no papel, de alma e coração jamais fomos casados.

— Você bebeu?

— Você quer saber de uma coisa, Verônica? Eu estou é cansado de você. Cansado! Pensei que iria suportar a barra, mas...

— Pare, Wagner, por favor. — implorou Évora, indo até ele.

Wagner, sorrindo com ternura para a moça, respondeu:

— Não precisa se preocupar, meu amor. Está tudo certo... Os dois anos já se passaram...

— Dois anos...?! — exaltou-se Verônica. — Que dois anos? Do que vocês estão falando?!

— Papai... — chamou a menininha.

— Oh, filha, o papai está aqui.

O moço pegou a menina no colo e a abraçou forte e calorosamente. Depois, passou a criança para os braços de Évora, voltou-se para Verônica e disse:

— Não era bem assim que era para toda essa história terminar, mas já que chegamos até aqui... Sabe, Verônica, o amor entre mim e Évora jamais acabou. Nada nunca nos separou.

— Nesse tempo em que você esteve comigo... — balbuciou Verônica.

— Continuamos juntos, sim, nos amando, fazendo amor, planejando o nosso futuro...

— Isso não é verdade, sei que não é... Você me ama, Wagner, sei que me ama, você me disse.

— Eu nunca lhe disse que a amava, Verônica. Se disse, foi da boca para fora, só para conquistá-la.

— Isso não é verdade...

— Ah, largue de ser tonta, é lógico que é verdade!

— Você está querendo me dizer que durante esse tempo todo em que você está casado comigo você e Évora são amantes?

Um sorrisinho cínico respondeu por ele.

— Não pode ser... — insistiu ela, lacrimosa.

Ele tornou a rir, cinicamente.

— Por que se casou comigo então, se gostava dela? Se a queria como esposa e não a mim?!

— Que pergunta, Verônica? Para lhe dar uma lição! Bem dada, pelo que fez a Évora! Aprender, enfim, a ter respeito pelos sentimentos dos outros.

— Você se casou comigo...

— Sim, Verônica... para lhe dar uma lição.

— Não pode ser.

— Acho melhor você começar a aceitar os fatos como são.

Évora tomou a palavra:

— Quando Wagner me contou que você havia se insinuado para ele, duvidei, porque você era minha amiga, a pessoa que eu mais estimava e confiava na vida, além de minha família. Eu disse a Wagner que não era possível. E ele respondeu: "É possível, sim. Sua amiga é uma falsa, uma riquinha que só pensa no próprio umbigo. Vou fingir interesse por ela só para ver até aonde ela vai." E você foi exatamente até onde ele pensou que iria. Quando ele me contou, ainda assim, duvidei. Para provar que dizia a verdade, ele aceitou seu convite para jantar em sua casa e me pediu que o acompanhasse até lá e que espiasse tudo o que desenrolaria durante o jantar, discretamente, por trás das janelas. Assim pude ver vocês à mesa, ver você se insinuando para ele, passando a mão sobre a dele. Foi o pior dia da minha vida, fiquei decepcionada, arrasada, senti-me traída.

Quando Wagner partiu de sua casa naquela noite, seguiu direto para a esquina onde havia me pedido para aguardá-lo debaixo da grande árvore que havia ali. Encontrou-me chorando, desesperada, arrasada. Ele me abraçou forte e eu me abracei a ele mais forte ainda.

— Eu sinto muito, meu amor. — disse-me ele, baixinho. — Não queria fazê-la sofrer, mas foi o único modo de você descobrir quem é Verônica Linhares de verdade.

Quando ele me disse que você, durante o jantar havia se declarado para ele, que estava disposta a terminar seu noivado com Rogério Meireles por causa dele, senti-me ainda mais ultrajada. Veio então o pior: ele me contou parte da conversa que vocês tiveram aquela noite:

130

— E quanto à Évora, Verônica? Se eu terminar com ela para ficar com você, ela se sentirá péssima, decepcionada com você.

E você respondeu:

— O problema é dela! Eu não posso me privar de ser feliz por causa dela.

— Mas ela é sua amiga.

— Amigos só nos servem quando nos convém.

— Mas ela adora você! — argumentou Wagner.

— Que passe a adorar outra pessoa.

Eu não conseguia acreditar nas suas palavras. Não mesmo... Wagner, então, consolou-me a noite toda, como uma mãe consola um filho em desespero.

Foi então que lhe perguntei:

— Será que Verônica seria realmente capaz de terminar tudo com Rogério Meireles para ficar com você, um moço pobre, humilde, gente que diz abertamente detestar?

— Estou certo de que seria. — respondeu-me Wagner, bastante seguro de si. — Sabe o que vou fazer? — comentou; a seguir, com um brilho estranho nos olhos. — Vou fingir que estou interessado nela, ela vai terminar o noivado; quando estiver só, cortejo-a por um tempo e depois largo de uma hora para outra, sem lhe dar explicação. Para ela sofrer o choque e a decepção que você está sentindo agora.

Disposta a dar um ponto final naquele ultrajante episódio, disse:

— Vou falar com Verônica amanhã. Vou perguntar se ela realmente está interessada em você. Quero ver o que vai me responder, olhos nos olhos.

— Prepare-se para o pior. — alertou-me Wagner com uma segurança indestrutível.

No dia seguinte, como deve se lembrar, fui até sua casa ter a tal conversa, olhos nos olhos. Fiquei horrorizada com a frieza com que me revelou seu interesse por Wagner e a total falta de consideração pelos meus sentimentos.

Voltei desiludida e decepcionada para a casa. Sentindo-me a pior pessoa do mundo. Eu estava literalmente arrasada. Assim que reencontrei Wagner, desabafei:

— *Maldito o dia em que decidi pedir um emprego para você naquela casa.*

— *Bendito o dia, você quer dizer.* — corrigiu-me Wagner, em meio a um sorriso estranho.

— *Bendito, por quê?*

— *Porque só assim você está sabendo quem é, de verdade, aquela que julgava ser sua melhor amiga.*

— *É, você tem razão.*

Tive de concordar, não havia verdade maior do que aquela. Entre lágrimas, prossegui:

— *Você não faz ideia do quanto ela me humilhou, Wagner....*

— *Faço sim, meu amor. Apesar de conhecer Verônica Linhares há tão pouco tempo, só de olhar para ela, sei tudo o que vai em sua mente e até mesmo em sua alma.*

— *A vida é injusta, deu tanto dinheiro a uma mulher que não respeita ninguém.*

— *Não se amofine mais por isso, meu amor.*

— *Não quero mais você trabalhando lá, Wagner. De jeito nenhum.*

— *Só deixo o emprego após dar uma boa lição naquela filhinha de papai.*

Foi então que a ideia veio à mente de Wagner...

— *Se ela se interessou tanto por mim, Évora, eu bem que poderia tirar proveito disso tudo...*

— *Proveito?! C-como assim?...*

— *Eu poderia me casar com ela pelo tempo necessário de sair do casamento com uma bela quantia de dinheiro.*

— *Uma bela quantia?* — espantei-me.

Ele me respondeu, empolgado:

— *Sim, se eu me casar com ela com comunhão de bens, metade do que ela tem será meu. Metade, Évora, faz ideia do quanto eu herdaria?*

Com esse dinheiro poderia ajudar você, a mim e a minha família a ter uma vida mais digna.

— Mas para você herdar alguma coisa quem tem de pedir a separação é ela, não você!

— Eu sei, mas ela acabará se cansando de mim. Se não por bem, por mal... Bastaria apenas esperar o tempo necessário de casados para que eu herdasse o que me cabe e... Seria sacrificante para nós, mas acho que vale a pena o sacrifício.

— Será mesmo, meu amor?

— Com você ao meu lado, Évora. Tudo se torna fácil.

— Será mesmo que devemos? Não acho certo enganar as pessoas...

— E Verônica está agindo certo com você, Évora? Não! Ela não se importa com você, nem com nada que não seja de seu interesse. Façamos o que lhe proponho, para que ela aprenda a ter respeito pelos sentimentos dos outros.

Wagner havia me convencido. E foi com beijo ardente que selamos o nosso pacto.

Houve uma breve pausa até que Verônica dissesse:

— Vocês foram maldosos, falsos, perversos comigo!

— Como você foi com Évora. — respondeu Wagner, afiado.

— Vocês só pensaram no próprio umbigo...

— Como você só pensou e pensa no seu a vida inteira, Verônica.

O clima pesou ainda mais entre eles. Então, subitamente, Verônica começou a rir, um riso sarcástico e vitorioso ao mesmo tempo. Algo que assustou Évora profundamente; quanto a Wagner nada nele se alterou, nada parecia tirá-lo do prumo.

— Eu não vou me separar de você, Wagner, não vou dar-lhe o gostinho de herdar metade do que possuo, nunca! — explicou ela, rindo, histérica.

O moço, no entanto, respondeu com a maior calma do mundo:

— Não tem problema. Só que terá de conviver comigo, na mesma casa, sob o mesmo teto sabendo quem de fato sou, quem de fato amo, quem de fato quero fazer feliz.

Verônica teve um novo rompante:

— Por quê? Por que fizeram isso comigo?

Dessa vez foi Évora quem respondeu, só que com outra pergunta:

— Por que você fez o que fez comigo Verônica?

— Fiz o que fiz porque você...

— Porque sou uma qualquer, uma pobretona, não é isso?

Verônica pensou em responder, mas calou-se. A seguir, deixou o local estugando os passos, crispando as mãos, parecendo à beira de uma síncope.

— Verônica! — chamou Évora, preocupada.

— Deixe a ir... — falou Wagner, displicentemente.

— Ela não está bem, Wagner. Tenho medo de que...

— Você se amedronta com facilidade, Évora.

— Estou com pena dela, não queria que as coisas terminassem assim.

— Se ela estivesse no seu lugar, não sentiria pena alguma de você.

— Será?

— Você viveu bem mais tempo ao lado de Verônica do que eu, no entanto, conheço-a dez vezes melhor do que você.

Wagner tomou a filha dos braços da mãe e começou a brincar com ela, como se nada houvesse acontecido. Évora ficou ali, com olhos lacrimejantes, voltados na direção que Verônica seguia.

O chofer se assustou ao ver o estado em que a patroa voltou para o carro.

— A senhora está bem, dona Verônica? Aconteceu...

— Cale-se, por favor. Leve-me para casa, rápido.

Pelo caminho, uma série de lembranças desconexas ocupou a mente de Verônica: "Como Évora poderia saber aonde eles iriam estar na Europa?" foi a pergunta que se fez durante toda a viagem e a resposta era muito simples: "Porque Wagner lhe dava as informações." "Com que dinheiro Évora foi à Europa?" A resposta agora era também muito fácil de se obter: "Porque Wagner estava bancando tudo com a mesada que ela própria fazia questão de lhe dar." "Como Évora poderia ter posto a rosa pisoteada no local certo em que passariam, ao voltarem do restaurante?" "Porque Wagner a conduziu para o caminho certo." Agora, Verônica podia compreender o porquê do desespero de Wagner ao ver Évora se debatendo nas águas do fiorde. Era o desespero de um homem apaixonado. Apavorado com a hipótese de a mulher amada morrer afogada. Ela fora muito estúpida para não perceber tudo aquilo.

Assim que Wagner voltou para a casa, Verônica que estava aguardando ansiosa por sua chegada, perguntou-lhe, sem rodeios:

— Évora foi à Europa com o dinheiro da mesada que lhe dou, não é mesmo, Wagner? Em outras palavras, ela foi com o meu próprio dinheiro.

A resposta foi dada por ele por uma expressão de olhos.

— Como você pôde compactuar com um plano tão malévolo como aquele que Évora inventou para me punir, para me pisar, me humilhar durante a nossa lua-de-mel?

— Ora, Verônica não seja estúpida! Évora nunca pensou em ir para a Europa para ficar nos perseguindo por lá, importunando você... Seria, ou melhor, é incapaz de pensar em algo do gênero.

— Se ela é incapaz, quem foi capaz então de sugerir a ela que fizesse isso?

— Ora, minha querida... Quem senão eu? Não achei que seria justo eu ficar usufruindo da Europa sem ter Évora ao meu lado.

— Toda aquela perseguição, aquelas rosas...

— Foi ideia minha. Para nos divertir.

— Divertir-se?

— Sim. Como você se divertiu às custas de Évora. Além do mais, como eu haveria de suportar uma viagem de quarenta e poucos dias, ainda que fosse pela luxuosa Europa, na sua presença? Você é chata, Verônica, mimada, sem graça... De interessante mesmo você só tem o dinheiro.

Sem pensar duas vezes, ela foi até ele e deu-lhe um tapa na face.

— Uau... Interessante esse seu lado "Mulher fatal".

— Eu nunca vou pedir a separação, Wagner, nunca. Nunca!!

— Então, você vai ter de me engolir, querida. Até apodrecer!

Sem mais, passou por ela, pisando duro e subiu as escadas saltando de dois em dois degraus.

Verônica encontrou a porta do seu aposento trancada quando lá chegou. Quis gritar, bater a porta para que o marido a abrisse, mas temeu que os vizinhos a ouvissem e soubessem da trágica, triste e vergonhosa situação que ela enfrentava agora. Por isso, Verônica foi dormir no outro quarto, o que passou a ocupar desde o acontecido.

Na Europa, durante a lua-de-mel, era quando Verônica tomava seu banho, vestia-se e se maquiava que Wagner encontrava Évora, beijavam-se, faziam amor e combinavam o que deveria ser feito a seguir.

O que o irmão caçula do pequeno Henry viu pelo binóculo foi mesmo Évora nos braços de Wagner enquanto fingiam um diálogo conveniente para a ocasião para que Verônica atrás da porta os ouvisse.

CAPÍTULO 12

— Dona Verônica... — tentou dizer Nathália após saber de toda verdade por parte da patroa.

— Eu não me conformo, Nathália. Não consigo me conformar.

— Não é mesmo fácil se conformar com algo desse tipo, assim de uma hora para outra, dona Verônica.

— Wagner foi muito filho da mãe comigo.

— Eu tentei avisá-la, dona Verônica. Eu bem que tentei avisá-la.

— É, Nathália, você tentou me avisar e eu, estúpida, não lhe dei ouvidos.

— A senhora estava apaixonada por ele...

— Sim, estava, o que é pior, ainda estou. Eu amo meu marido, Nathália. Foi por amor que me casei com ele.

— Eu disse à senhora que estava se precipitando em se casar com ele em tão pouco tempo. Que namorasse por mais alguns meses até conhecê-lo melhor...

— De que serve chorar sob o leite derramado, Nathália?

— O seu Wagner, a princípio, me passou confiança, mas depois, quando comecei a observar o modo como olhava para esta casa, para tudo que havia nela, percebi que estava deslumbrado. Quem não se deslumbraria? É tudo tão lindo, tão luxuoso...

— Esse é o mal do dinheiro, Nathália, quanto mais você tem, mais em dúvida você fica a respeito das pessoas que se aproximam de você. Elas se aproximam por causa do dinheiro ou por causa da sua pessoa, realmente?

— Nem todos são interesseiros, dona Verônica. Eu, ao menos, não sou.

— Você é uma mulher boa, Nathália. Uma dentre poucas.

Verônica suspirou, passou as mãos pelos cabelos, uma, duas vezes, num gesto desconsolado e disse:

— Só de pensar que ele fazia sexo com Évora enquanto estava comigo... Que dormia ao meu lado pensando nela... Saber que os dois me faziam de tonta na frente de todo mundo... Eu sinto vontade de matá-los.

— Procure esquecer tudo isso, dona Verônica, será melhor. Sei que é difícil, mas tente, pelo menos.

— Wagner gosta de mim, Nathália, sei que gosta. Tudo que passou ao meu lado não pode ter sido o tempo todo fingimento.

— Aceite os fatos como são, minha senhora. Não tente mascarar a verdade, será melhor...

— Ele me parecia tão honesto, tão sincero, tão...

— Por isso o pai dele...

— Pai?!

— Sim, o pai dele. Lembra que a senhora me contou que o pai do senhor Wagner passou a tratá-lo mal depois que ele se casou com a senhora? Pois bem, ele deve ter percebido sua macabra intenção com o casamento.

— Você tem razão, Nathália. Toda razão.

— Mas a senhora vai dar a volta por cima, superar tudo isso, encontrar um outro homem para se casar novamente e ser feliz.

— Mas eu não pretendo me separar do Wagner, Nathália.

— Não?! Mas eu pensei que depois de tudo que ele fez contra a senhora...

— Ele espera que eu lhe peça a separação o quanto antes para poder receber o que lhe cabe e assim gastar com Évora e a filha, mas eu não lhe darei esse gostinho. Não, mesmo!

— A senhora acha que vale a pena insistir com um homem que foi tão perverso com a senhora?

— Insisto em nome do amor, Nathália. Do louco amor que sinto por ele. Sim, um louco amor...

Verônica desde então só tinha um pensamento: salvar seu casamento, provar para si mesma e para o próprio marido que ele no fundo a amava. Ao tentar tocar no assunto, mais uma vez Wagner desatou a rir na sua cara.

— O pior cego é mesmo aquele que não quer ver. — disse, francamente.

— Eu o amo, Wagner. Por favor...

— Chega de papo, Verônica. Não suporto seus melindres... esse seu jeito de se humilhar diante de mim.

— Se me humilho é em nome do amor que sinto por você.

— Ah, faça-me o favor. O único amor que você sente é por si mesma.

— Isso não é verdade.

Antes que ela prosseguisse, ele berrou:

— Chega!

Seu berro a deixou assustada e alarmada. Num tom ácido ele completou:

— Évora está vindo morar com nossa filha nesta casa.

— Aqui?! Você perdeu o juízo?! Eu não vou permitir as duas aqui, jamais!

— Como é mesmo aquele ditado? Ah, lembrei... "Os incomodados que se mudem...", não é isso? Então...

— Esta casa é minha, não vou permitir...

— Se você continuar insistindo em me negar a separação, porei a cidade inteira a par do nosso drama.

— Você está blefando, sei que não faria uma coisa dessas comigo.

— Tá! Então espere para ver.

— Seria uma vergonha para mim... As pessoas diriam coisas horríveis a meu respeito...

— Então é melhor que pensem que nos separamos porque você, subitamente, se desinteressou de mim, não acha? Será bem menos vergonhoso do que a verdade.

139

Verônica não teve mais palavras para enfrentar o marido.

Quando Évora chegou a casa com a filha, Verônica finalmente se convenceu de que o marido não estava para brincadeira. Évora não queria ir para lá com a menina, foi porque Wagner insistiu muito, sua presença na casa forçaria Verônica a pedir-lhe a separação o quanto antes, o que de fato acabou acontecendo.

— Está bem, Wagner. — disse ela, rouca e deprimida. — Eu lhe dou a -separação. Não suporto ver você e Évora juntos...

— Ótimo! — alegrou-se o moço.

Sendo assim, os advogados foram acionados e os papéis da separação logo assinados. Ao fim de tudo, via-se uma Verônica seis quilos mais magra, abatida, com profundas olheiras, totalmente deprimida.

Assim que os dois chegaram do escritório dos advogados à mansão na Avenida Paulista, Wagner falou:

— Dou-lhe até o fim de semana para deixar a casa.

— Deixar a casa?! — surpreendeu-se Verônica. — C-como assim deixar a casa?! Esta casa é minha, de tudo que meu pai me deixou é o que mais estimo.

— Essa casa foi sua, minha querida.

— Como? Foi.

— Pelo visto você não prestou muita atenção as minhas exigências para me separar de você.

— Exigências... Do que está falando?

— Como foi você quem pediu a separação, eu concordei, desde que esta casa ficasse para mim na divisão dos bens.

— Não pode ser.

— Foi. Você deveria ter prestado melhor atenção à papelada...

— Eu amo essa casa, Wagner.

— Eu também.

— Foi construída por meu pai, por isso tem um valor sentimental muito forte para mim.

— Agora é tarde demais, ela é minha. É a casa ideal para eu morar com

Évora e minha filha, todos os filhos que eu tiver com ela.

— Você não vai ter a coragem de...

— Já tive, querida, e repito: você tem até o fim de semana para partir daqui. Não gosto de hóspedes.

— Eu a compro de você!

Wagner franziu o cenho.

— É! — continuou a moça em tom desesperado. — Eu a compro de você. Ponha um preço que eu pago.

Ele pediu licença e foi até a janela que dava para a frente da casa, olhando para fora, comentou, com cinismo:

— Engraçado... Não estou vendo nenhuma placa de "Vende-se" ali fora.

— Wagner, por favor.

— Ora, por favor, você, Verônica! Se não sair desta casa por bem, sairá por mal. Ponho tudo que é seu na rua. Ah! E por favor, leve consigo aquela governanta insuportável! Não quero ver aquela feiosa aqui nem por mais um dia.

Verônica deixou a sala como que se arrastando. A decepção era tanta que seu corpo e sua alma pareciam gravemente doentes. Quando Nathália a viu naquele estado, correu até ela para ampará-la e a conduziu até a copa onde lhe serviu um chá para acalmar os nervos. Entre um gole e outro ela lhe contou as últimas notícias.

— E agora, Nathália, para onde vamos?

— Eu não sei, minha senhora.

— Eu não tenho forças para sair por aí, procurando por uma casa... Não quero que as pessoas me vejam nesse estado. É muito deprimente.

— Talvez a senhora devesse ir para um hotel até que se recupere e encontre uma nova casa para morar, o que acha? Talvez uma na avenida Angélica, há casas lindíssimas por lá, não tão lindas e enormes quanto aqui, mas...

— Um hotel... Sim, será uma ótima escolha até que eu...

A moça não completou a frase, o pranto não lhe permitiu. Nathália

141

consolou a patroa mais uma vez e depois a conduziu a seu quarto. Pelo caminho, enquanto subiam as escadas, Wagner passou pelas duas, cantarolando, descontraído...

"Linda morena, morena... Morena que me faz penar... A lua cheia que tanto brilha... Não brilha tanto quanto o teu olhar..."*

As duas mulheres para ele pareceram invisíveis.

Com ajuda de Nathália, Verônica recolheu todos os seus pertences e naquela mesma noite deixou a casa que tanto amava na qual sonhou viver até morrer. Ter de abandoná-la a machucou tanto quanto a decepção que teve ao saber que Wagner e Évora eram amantes.

Enquanto Verônica procurava se ajeitar no quarto de um hotel, Évora ajeitava-se na casa que um dia fora de sua ex-grande melhor amiga. O quarto que ela ocupara na casa agora era seu. O quarto de seus pais, agora era o da filha. O guarda-roupa bonito e espaçoso, de madeira nobre que Verônica forrava com suas lindas vestes guardava agora as dela, as que Wagner comprava com muito gosto. Tudo, enfim, que um dia fora de Verônica Linhares agora era de Évora Soares e Wagner Cálio, consequentemente.

Naquela noite, à mesa do jantar, com pratos finos e fartos acompanhados de um bom champanhe, Wagner fez um brinde à vida que estava prestes a começar ao lado da mulher adorada e da filha que tanto amava.

— A nós! — disse, levantando a taça de cristal em sua mão ao encontro de Évora. — Tim tim!

Évora procurou sorrir antes de entornar o líquido. Um líquido que desceu por sua garganta, quente como as chamas do inferno.

Quando eles chegaram à sala de estar, Évora comentou:

— Verônica deve estar se sentindo arrasada...

Wagner voltou-se para ela feito um raio e, num tom grave e impaciente, falou:

— Por favor, Évora. Não falemos mais de Verônica nesta casa. Ela agora é parte do passado. Combinado?

Ela procurou sorrir, um sorriso inseguro. Ele foi até ela, abraçou-a e beijou-lhe os lábios e disse, baixinho, ao pé do seu ouvido:

— Finalmente, meu amor, finalmente estamos juntos como marido e mulher e para sempre como a gente tanto sonhou.

Ele tornou a beijá-la forte e calorosamente. Naquela noite, finalmente, fizeram amor sem ter pressa, relaxados, afinal, não havia mais o que temer. Depois do glorioso momento dormiram tranquilos sobre a cama de casal que um dia fora de Wagner e Verônica Linhares.

---

*Linda morena (Lamartine Babo, 1932)

CAPÍTULO 13

Diante da tristeza da patroa, Nathália tentou alegrá-la:

— A senhora vai dar a volta por cima, superar tudo isso, encontrar um outro homem para se casar novamente e ser feliz.

— Será que consigo?

— É lógico que consegue. É bonita, cheia de vida... Por onde passa, arranca suspiros dos homens...

— Eu não sei se consigo...

— É claro que sim, senhora.

— Quando digo: "Não sei se consigo" refiro-me a esquecer de Wagner. Eu ainda amo aquele desgraçado. Amo profundamente. E vou fazer de tudo para salvar meu casamento.

— Mesmo depois...

— De tudo que ele me fez?! Sim. Farei isso por amor.

Nas semanas que se seguiram, Verônica adoeceu gravemente. Por isso não teve forças para ir atrás nem de um novo amor quanto mais de uma casa para comprar e se mudar. A gentil e fiel Nathália manteve-se ao seu lado o tempo todo, prestando-lhe socorros como uma mãe altamente dedicada a uma filha. Orava pela moça também para que Deus a amparasse naquele momento tão difícil.

Numa tarde, quando Nathália se ausentou para ir até sua casa cuidar dos afazeres domésticos, Verônica quis fazer o que há muito vinha querendo

144

fazer, ir atrás de Wagner, falar com ele, declarar-lhe novamente o seu amor. Estava tão deprimida que vestiu o seu vestido mais discreto e partiu sem sequer passar um traço de batom nos lábios.

— Para onde, senhora? — perguntou o chofer assim que ela entrou no carro.

— Para a minha casa na Avenida Paulista.

O chofer, ainda que em dúvida, perguntou:

— Minha senhora, desculpe a intromissão, mas a senhora acha que deve mesmo sair? Está adoentada. Acho que seria melhor aguardar dona Nathália voltar para o hotel.

— Não. Quero ir lá, agora!

Sem ver outra escolha, o chofer achou melhor atender o pedido da patroa. Assim que o carro entrou na Avenida Paulista, Verônica foi prestando atenção às casas construídas ali. A sensação que tinha era a de que haviam se passado anos e não meses desde que ela havia se mudado dali.

Era muito triste para ela estar de volta ao lugar de onde nunca quis partir. Assim que o carro estacionou ao meio fio em frente à mansão que agora pertencia ao ex-marido, Verônica deixou o carro.

— Quer que eu vá com a senhora? — prontificou-se o chofer.

Verônica respondeu que não com um simples gesto de mão. Respirava fundo e pausadamente a cada passo que dava em direção da amurada que cercava a mansão.

Ao ouvir vozes, vindas do jardim lateral, ela procurou se esconder rapidamente atrás de uma das pilastras que havia ali. As vozes eram de Évora e da babá. As duas estavam brincando com a pequena Cristina. A cena partiu ainda mais o coração de Verônica, pois fora ela quem sonhara estar ali, brincando com os filhos que teria com o homem amado e não a ex-amiga... Ela tentou não chorar, mas não conseguiu. Debulhou-se em pranto.

Minutos depois, ouvia-se a voz de Wagner:

— Cristina, filha, venha com o papai!

Wagner abriu os braços à menina, que, com passos firmes, caminhou

145

em sua direção. Wagner pegou a garotinha e a levantou para o alto.

— Upa! Upa! — brincou. — Agora vamos nos esconder da mamãe.

Voltando-se para Évora, completou:

— Ouviu, mamãe?! Daqui a pouco você vem nos procurar!

E saiu com a filha nos braços para o jardim que ficava nos fundos da casa.

Évora olhou para a babá e riu. Foi então que avistou Verônica parada rente à amurada que separava a casa da avenida.

— Verônica! — murmurou ela, sem esconder o susto e o espanto por ver a ex-amiga dez quilos mais magra, sem pintura, o avesso do que sempre foi.

As duas ficaram se encarando por quase dois minutos, até que Verônica decidisse voltar para o carro. Évora permaneceu ali até o carro partir. Suas mãos se crispavam ininterruptamente enquanto ela mordia os lábios de nervoso.

Ao reencontrar o marido e a filha, Wagner perguntou à esposa:

— O que houve? Você está estranha...

— É Verônica! — respondeu Évora com voz entristecida. — Ela estava agora há pouco em frente a nossa casa, nos espiando. Oh, Wagner ela está tão diferente, magra, muito magra, parece muito doente. Deu-me uma pena...

— Por acaso ela teve pena de você quando deu em cima de mim? Quantas vezes eu vou ter de lembrá-la a respeito?

— É que, bem, não pensei que ela fosse sofrer tanto assim. Pensei que passaria para outra, rapidinho...

Wagner tratou logo de ignorar as palavras da esposa, continuou brincando com a filha, dedicando-lhe todo aquele amor que só um pai apaixonado pelos filhos pode dedicar. Da mesma forma que seu pai fazia com ele quando era menino.

Évora ficou ali tentando tirar Verônica do pensamento, mas não conseguiu. Ela não lhe queria mal, só bem. Apesar de tudo que ela lhe fizera, ainda assim, só lhe queria o bem.

Assim que Nathália voltou para o hotel, Verônica lhes pôs a par dos últimos acontecimentos.

— Ele não vai mesmo voltar para mim, não é Nathália? Tenho de aceitar essa realidade, não é mesmo?

— Sim, senhora. Quanto mais cedo a senhora aceitar o fato melhor a sua recuperação. E eu quero muito ver a senhora recuperada e feliz ao lado de um homem que seja digno da sua pessoa, que lhe dê filhos lindos e saudáveis.

— Você tem razão, Nathália... Toda razão...

Foi por intermédio de sua manicura que Évora descobriu aonde Verônica estava morando. Diante do crescente sentimento de culpa por ela estar naquele estado deplorável, Évora decidiu, na tarde do dia seguinte, fazer o que achava ser o certo. Foi ao hotel fazer uma visita à Verônica.

Quando Nathália a recebeu à porta, a mulher por pouco não a esbofeteou. Havia tomado as dores da patroa e odiava Évora tanto quanto Verônica passou a odiá-la.

— O que quer aqui? — perguntou a governanta, secamente.

— Olá, Nathália. Vi Verônica outro dia e pela sua aparência achei que estava doente, por isso vim fazer-lhe uma visita.

— Você?!

— Ainda gosto muito de Verônica, Nathália. Apesar de tudo que aconteceu...

— Duvido muito que ela a receba.

— Por favor. É muito importante para mim que eu a veja.

— Aguarde aqui.

Dois minutos depois, a mulher voltava à porta:

— Pode entrar, ela vai recebê-la.

— Obrigada.

Évora seguiu a governanta até a sala onde Verônica, ainda de penhoar,

147

estava sentada em uma poltrona. Assim que a viu, Verônica, surpresa, procurou refazer-se do choque que a visita inesperada da ex-amiga lhe causou.

— Vim saber como está passando, Verônica. — começou Évora, com certa timidez. — Desde que a vi naquele dia em frente a casa fiquei preocupada, você me parecia doente...

Como Verônica não pedia nenhuma palavra. Évora continuou:

— Apesar de não parecer, preocupo-me com você. Você era a minha melhor amiga. Sempre tive muito carinho pela sua pessoa. Um carinho especial.

A moça fez ligeira pausa e, notando que a ex-grande amiga a ouvia atentamente, continuou:

— Não recrimine Wagner pelo que fez, por favor. Perdoe-lhe. Ele não é mau, não é. É bom. Sempre se preocupou com a família. Queria lhes dar uma vida mais digna e viu em você a chance de realizar seu sonho, entende? Sei muito bem que não foi somente para lhe dar uma lição e honrar meu nome que ele se casou com você. Não foi, não. Ele se casou porque o dinheiro que receberia, poderia ajudá-lo a dar a vida digna que ele sempre achou que seu pai e sua mãe mereciam ter. Inclusive seu irmão, cunhada e sobrinhos... Por isso digo que ele não é mau, não é. Sei que não é...

— Eu me casei com ele porque o amava. — falou Verônica, finalmente.

— Eu sinto muito. Antes não tivesse insistido para que você lhe desse aquele emprego de jardineiro em sua casa. Foi uma tolice da minha parte o que fiz. Desculpe-me. Se arrependimento matasse...

— Terminou?

A pergunta assustou Évora.

— Sim.

— Então vá embora e nunca mais me procure. Vê-la me faz sentir ânsia.

— Eu, bem...

— Você veio aqui só para me ver nessa condição deplorável de saúde em que me encontro, não foi? Deve sentir prazer em me ver assim, doente, pálida, deprimida, à base de remédios e calmantes. Confesse!

— Não, Verônica! Juro que não!

— Mentirosa, fingida, falsa!

— Juro que quero o seu bem.

— Mas é mesmo uma cínica inveterada.

Évora tentou se defender mais uma vez, mas Verônica não permitiu:

— Fora daqui, sua bandida.

E batendo o sininho que repousava sobre a mesa, Verônica chamou por Nathália. A governanta apareceu imediatamente para atender o chamado da patroa.

— Ponha essa mulher na rua, Nathália. Nunca mais permita sua entrada aqui.

Évora, aturdida, deixou o quarto do hotel rapidamente. Uma vez na rua, respirou fundo. Aquilo não podia ser verdade. Parecia um romance de José de Alencar. Que tola fora ela, tentar apaziguar tudo o que aconteceu. Verônica nunca lhe perdoaria. Nem do outro lado da vida, caso existisse vida além da morte. Wagner não podia saber que ela estivera ali, não, jamais. Se soubesse, ele também não lhe perdoaria.

Enquanto isso no quarto de hotel, Verônica Linhares tentava se acalmar, mas sem sucesso. A respiração estava tão pesada, que parecia que ela havia ficado submersa na água por um longo tempo.

— Como ela pôde ter sido tão petulante em vir aqui? — bramiu. — Fingir-se boazinha, preocupada comigo depois de tudo o que me fez?! Mas é uma cínica, mesmo! Ela me enoja.

— Se eu fosse a senhora procurava me esquecer dela... — sugeriu Nathália, providenciando um copo de água com açúcar.

— Eu sinto vontade de estapear aquele rostinho cínico da Évora. Estapeá-lo até fazê-lo sangrar.

— Minha senhora, a melhor desforra no seu caso é dar a volta por cima.

A pertinente sugestão da governanta fez Verônica dar um basta no chilique. Num tom mais ponderado, disse:

— Você tem razão, Nathália. Toda razão. Preciso continuar a minha vida ainda que me sinta destruída por dentro e já sei quem vai me ajudar a fazer isso. A me reerguer, a voltar a ser a velha Verônica Linhares de antes...

Por um longo e tenso momento, Nathália não conseguiu fazer ideia a quem a patroa se referia.

❧

Naquela tarde, Verônica se arrumou toda para receber Rogério Meireles. Ela havia pedido para o chofer ir até a casa da família do rapaz dar-lhe o recado de que ela precisava muito vê-lo.

Rogério estava também elegantemente vestido como se fosse para uma ocasião muito especial. Assim que Nathália o recebeu à porta, deixou-o a sós com Verônica.

— Olá, Rogério. — disse Verônica com forçada amabilidade.

— Olá, Verônica. Como vai?

— Indo... Você soube que eu me separei, não soube?

— Quem não soube, Verônica? Acho que até mesmo o Papa está sabendo.

Havia um certo sarcasmo entrevado na voz do moço, percebeu a moça, mas fingiu não notar.

— O que houve com você? — perguntou ele a seguir medindo-a de cima a baixo. — Você emagreceu um bocado. Quanto? Uns dez quilos pelo menos, não?

— Sim. Onze, na verdade.

O convidado soltou um assovio e perguntou ainda com ironia:

— O que pretende? Sumir?

Ela riu, sem graça, ele riu, escancarado.

— Quem *te* viu quem *te* vê, hein, Verônica?

— Rogério eu o chamei aqui para falar sobre nós. Sobre os nossos sentimentos.

— Nós... sentimentos... não estou entendendo.

— Ainda gosto muito de você e sei que você também gosta de mim, então pensei que seria uma boa ideia nós dois reatarmos o namoro, o noivado...

Um sorriso escapou do lábios do homem.

— Você não pode estar falando sério... — trovejou, rubro.

— Nunca falei tão sério em toda a minha vida, Rogério. Pelo seu sorriso percebo que gostou da ideia.

— Se gostei? Pelo amor de Deus, Verônica... Sou um homem, não um rato. Você pensou mesmo que depois de tudo que me fez, iria reatar o nosso namoro ou noivado assim num estalar de dedos? Ora, não me faça rir.

— Seria ótimo, não seria?

— Seria se você ainda fosse virgem...

O comentário assustou Verônica. Sem dó, Rogério continuou em tom afiado:

— Seria se você ainda fosse "cheinha" como era.

— Só emagreci porque fiquei deprimida por causa da separação. Voltar a ser "cheinha" não é problema para mim, logo...

— Você até pode engordar; agora, voltar a ser virgem, isso, já é uma outra história. Além do mais você está com um semblante de velha, duvido muito que consiga tirá-lo da sua face.

— Rogério, jamais o humilhei assim para você estar me humilhando dessa forma.

— Não?! Por acaso você também está com mal de Alzheimer?! Ainda me lembro bem o modo como terminou o noivado comigo e mesmo eu estando desesperado, entre lágrimas, exigiu que eu fosse embora, que saísse da sua casa, imediatamente. Eu estava tão transtornado que por pouco não atropelei uma idosa na avenida. De fato, humilhar, você não me humilhou, você apenas me feriu sem dó nem piedade.

— Não torne as coisas difíceis para nós, Rogério, por favor...

— Você não gosta de mim, Verônica, nunca gostou. Quer reatar o nosso relacionamento agora porque está na pior, com medo de acabar sozinha, doente e infeliz. É por isso que você me quer. Não é por amor e tenho sérias dúvidas se no passado quando me namorava não era pelo mesmo motivo.

— Rogério.

— Agora você vai ouvir tudo o que tenho para lhe dizer, Verônica. Tudo que está entalado aqui na minha garganta, ó! Eu não sou um estepe, não preciso ser, tenho a mulher que quiser aqui na mão, num estalar de dedos! Agora, você, nesse estado, nem com todo o dinheiro que ainda lhe restou, você é capaz de conquistar alguém! A não ser, é lógico, que seja por interesse financeiro.

Verônica, ofendida até a alma, deixou de lado o papel de boa moça, educada e compreensiva que adotara até então e voltou a ser quem era, no íntimo:

— Fora daqui, seu chato!

— Ah, finalmente estou de frente a verdadeira Verônica..

— Fui uma tola mesmo em acreditar que pudéssemos reatar a nossa relação.

— Você não foi, você é tola, pois só uma tola para cair no conto do vigário como você caiu. Bem-feito! Já se sabem há um bom tempo os verdadeiros motivos que a levaram pedir a separação àquele jardineiro pobretão.

Verônica saltou sobre o rapaz e começou a estapeá-lo. Ele segurou firme seus punhos e desafiou:

— Vai, me estapeia agora. Vamos, quero ver se é capaz!

— Você tem mau hálito, sabia?! — revidou ela, entre dentes. — Você cheira mal mesmo de banho tomado, mesmo usando o melhor perfume francês. Você beija mal e deve, com certeza, ser muito mau de cama.

— Muito mau de cama, é?! Sua... — retorquiu ele, espumando de ódio.

Subitamente, arrastou a moça até a cama, começou a despi-la enquanto ela, aflita tentava se ver livre dele.

— Vou mostrar para você quem é mau de cama, sua infeliz!

Verônica queria gritar, mas não conseguia. Queria fugir, mas não tinha forças. Rogério estava prestes a dar início ao ato, quando voltou atrás.

Estava vermelho, olhos em brasa, transpirando fortemente.

— Não lhe vou dar esse gostinho, sua infeliz. Não mesmo! — argumentou, enfurecido.

Verônica não deixou barato:

— Sinta o cheiro, o seu mau cheiro se espalhando pelo ar. Esse bafo me provoca ânsia.

Antes que perdesse o controle novamente, Rogério deixou o quarto, pisando duro, cuspindo pelas ventas.

Assim que Nathália o viu deixando o hotel, voltou correndo para o quarto da patroa. Pelo estado de Rogério sabia que algo de muito grave havia acontecido entre os dois. Encontrou Verônica deitada sobre a cama na posição fetal chorando convulsivamente.

— Dona Verônica, o que houve? Acalme-se, por favor.

— Nathália aquele pérfido me disse coisas horríveis. Humilhou-me de uma forma que... Eu não tenho mesmo sorte com os homens. Não tenho.

— Acalme-se, doma Verônica. O senhor Rogério e seu ex-marido não são os únicos homens do planeta. A senhora vai encontrar um outro que a queira porque a ame de verdade.

Verônica continuou chorando, soluçando, como uma criança mimada. Nathália permaneceu ali, passando a mão na sua cabeça, querendo, desesperadamente lhe transmitir algum conforto.

❧❧

No fim de semana seguinte, Wagner foi visitar a família acompanhado de Évora. Aguardou meses para dizer a eles que estavam juntos para que não os recriminassem e não suspeitassem da verdade.

— Vocês estão juntos?! — alegrou-se a mãe. — Que notícia maravilhosa!

— Depois que me separei de Verônica — explicou Wagner fazendo uso de uma mentira para abafar o caso —, acabei me sentindo muito só naquela casa e, de repente, senti vontade de me casar novamente e... aí, o destino me fez reencontrar Évora, sem querer, um dia, pela rua e, bem...

— Eu sempre achei que vocês dois ainda acabariam juntos. — opinou a cunhada.

— É mesmo, Ofélia?

— Sim.

Wagner olhou para Évora e sorriu.

— E Verônica, filho? Como ela está? Não se viram mais?

— Não, mamãe. É melhor não. Ela me fazia mal, sabe? Fazia com que eu me sentisse sufocado na relação.

— Sei...

— Mas agora que estou com Évora, a queridinha do papai, ele finalmente vai aceitar se mudar dessa casa para a casa que quero comprar para vocês em Santos.

A mãe pareceu tão confiante quanto o filho:

— Pode ser mesmo.

— Cadê ele? Venha, Évora, vamos falar com ele.

A pedido de Wagner, Évora se escondeu atrás de uma bananeira para aparecer somente quando ele a chamasse. Ele queria fazer uma surpresa para o pai.

— Papai! — chamou num tom de voz firme e ressoante.

O pai olhou para o filho e estudou seu semblante por um momento.

— Papai. — tornou Wagner achegando-se a ele e tocando seu ombro. — Como vai? Estava com saudade do senhor. Tenho uma novidade que vai...

— Você se separou mesmo daquela moça? — perguntou o homem, penetrando fundo os olhos do filho.

— Sim, papai. Separei-me. E tenho uma novidade para o senhor, algo que vai alegrá-lo muito.

Com um assovio, Wagner chamou Évora. Ao vê-la, uma expressão curiosa transpareceu no rosto do pai de Wagner Cálio. Dando a mão para a moça, Wagner explicou:

— Eu e Évora decidimos ficar juntos finalmente, papai. Percebi, após a separação, que era dela mesmo que eu gostava. E ela, que não conseguiu me esquecer nesse tempo todo, resolveu me perdoar por ter terminado com ela daquela forma e... Bem, o fato é que estamos juntos, finalmente e felizes. Sabendo o quanto o senhor gosta de Évora achei que...

O pai continuava com uma expressão curiosa na face.

— O senhor não vai dizer nada?

— Estou decepcionado.

— Decepcionado?

— Estou decepcionado com você, Évora. Jamais pensei que fosse capaz de...

— Papai! — exaltou-se Wagner, irritando-se.

— Vocês estavam juntos o tempo todo...

— Não, papai, juro que não.

— Se não, devolva a sua ex-esposa a quantia que recebeu dela com a separação.

— Isso não seria certo, papai.

— Eu pensei que você, Évora, fosse uma moça decente.

— Papai, mais respeito quando falar com a minha mulher.

— Respeito? Você me pede respeito, Wagner? Justo você...

— Não entendo a sua revolta. O senhor deveria estar é revoltado com Verônica não com Évora, afinal foi ela quem deu em cima de mim, não respeitou Évora que sempre foi dedicada a ela, uma amiga fiel.

— Não é porque o outro é mau que você tem de fazer o mal. Estou muito decepcionado com você Évora por ter tomado parte nessa farsa, baixa...

— Meu senhor... — tentou se defender Évora, mas o homem não permitiu.

— Não diga nada, por favor.

Wagner, impaciente e irritado cortou o pai:

— Chega de história, papai! Vamos ao que interessa. O senhor vai ou não vai mudar para a casa que quero comprar para vocês em Santos?

— Não vou, nunca irei.

— O senhor é mesmo um velho teimoso, hein?

— Sou um homem decente, Wagner.

— O senhor não é decente, não, é pobre de espírito. Medíocre e ignorante. Não sei por que ainda perco tempo com a sua pessoa. Se quer morrer na pobreza, nessa miséria, viver aqui com esse morro prestes a desabar sobre a sua cabeça num dia de chuva forte, pois que morra. Seja feita a sua vontade. Para mim, basta! Cansei! Eu quis dar o melhor para o senhor porque o julgo merecedor de uma vida mais digna depois de ter trabalhado por tantos anos de sol a sol. Mas se o senhor não quer aceitar nada do que posso agora lhe oferecer, paciência. Só não acho justo privar minha mãe da vida que posso dar a ela agora.

Wagner balançou a cabeça em desagrado, voltou-se para a esposa e disse:

— Vamos, Évora. O ditado está certo: "de que serve jogar pérolas aos porcos?"

Évora ficou em dúvida quanto a atender ao chamado. Queria se explicar para o sogro, mas não sabia por onde começar.

Wagner, afastando-se dali, tornou a chamar pela moça. Ela, que se mantinha olhando para senhor de cabeça baixa, olhos vermelhos, lacrimosos, entristecidos, disse, enfim:

— Eu sinto muito... Antes não tivesse levado Wagner até lá... Mas o senhor pode ter certeza de uma coisa. Tudo o que ele fez, certo ou errado, foi mesmo pensando em propiciar ao senhor e a sua esposa, ao irmão, à cunhada e os sobrinhos uma vida mais digna.

— Com o dinheiro de uma outra pessoa? Isso é roubo.

— Ele ama o senhor. Ama muito. Ama toda família, isso o senhor não pode negar. Se Wagner errou, se eu errei, fazendo o que fizemos com Verônica, que Deus nos perdoe. Mas uma coisa é certa, Verônica mereceu tudo aquilo, ela não se importou com os meus sentimentos, ela nunca se importou, na verdade, com ninguém, além de si mesma.

A moça esperou que o sogro dissesse alguma coisa. Ao perceber que não faria, retirou-se, cabisbaixa. A situação era constrangedora e, ao mesmo tempo, lastimável. Ela não queria que fosse assim, não mesmo, para que ninguém sofresse. Todavia, o sofrimento parecia inevitável.

156

Wagner voltou calado durante a subida da serra. Évora pensou em tocar no assunto, tentar apaziguar a situação, mas achou preferível o silêncio.

❧❦❧

Nas semanas que se seguiram, Verônica tornara-se mesmo, em todos os sentidos, uma mulher deprimida. Fora uma criança mimada e ranheta, forçando todos a sua volta acatar suas ordens, atender seus pedidos. Quando adulta, tornara-se fraca e incapaz de lutar contra o que fugia ao seu controle. Nem toda caridade cristã seria capaz de reanimá-la, agora. Nem mesmo sua alma, o que era uma pena.

— Eu perdi o ânimo de viver, Nathália. — confessou Verônica a fiel governanta, certa tarde.

— Não diga isso, minha senhora.

— Digo, sim, porque é verdade. A mais pura verdade. — soluçou ela. — Projetei uma vida perfeita, um casamento perfeito, um pai maravilhoso para os meus filhos, tudo moralmente certo e aprovado pelas graças de Deus e, no entanto, tudo saiu errado, completamente diferente do que planejei. De que me importa continuar viva?

Minha vida tornou-se um pesadelo sem fim. É difícil andar no meio de pessoas que você conhece, olhar em cada rosto e saber que estão rindo as suas costas ou sentindo pena de você. É difícil voltar a acreditar nos homens, perder o receio de que eles a qualquer momento, quando você menos espera, tornem-se uma outra pessoa, um estranho, um estranho cruel como aconteceu com Wagner.

Verônica estremeceu ligeiramente.

— Quando olho para trás e percebo que estive o tempo todo dormindo com o inimigo, sinto gelar a minha alma... Quando percebo que tudo apontava para uma única direção e eu, tola, não reparava, sinto um ódio mortal de mim mesma.

— Tudo isso passa, minha senhora. — encorajou Nathália, com notável polidez.

Sua opinião carregava menos segurança no tom de voz do que nas palavras.

Um silêncio funesto pairou sobre as duas a seguir. Passaram quase cinco minutos até que Verônica comentasse num tom bastante sinistro:

— Aquela casa...

— Casa, senhora. Que casa?

— A casa na Avenida Paulista. Desde que eu, papai e mamãe nos mudamos para lá nossa vida virou de ponta-cabeça. Você acredita que uma casa possa...

— Ora, senhora... Eu, sinceramente não sou uma mulher supersticiosa.

— Mas é coincidência demais, que a vida de mamãe, papai e a minha tenham se tornado o que se tornou, não acha?

— Sim... de fato, vocês não foram realmente felizes ali, mas...

— O lugar parece amaldiçoado. O que será que havia lá antes de a casa ter sido construída?

— Mato, pelo que sei, não, senhora?

— Talvez um cemitério indígena, vai saber...

— Talvez.

Para Nathália a patroa estava começando a delirar. Restava-lhe apenas orar por ela e aconselhá-la a visitar um neurologista o quanto antes.

Quando Verônica soube da festa que Wagner iria dar na mansão para anunciar a alta sociedade seu casamento com Évora Soares, Verônica, ainda que adoentada fez questão de ir até lá para ver a cerimônia com os próprios olhos. Nathália a teria impedido se estivesse lá, não seria bom para a patroa, frágil como estava emocional e fisicamente sair no sereno e se prestar a tamanha humilhação na frente de todos.

Quando o chofer entrou na Avenida Paulista já podiam se ver ao longe carros e mais carros estacionados em frente à mansão que agora pertencia a Wagner Cálio. A nata da sociedade chegava para o evento elegantemente vestida. Wagner poderia ser um *nouveau-riche*, mas ninguém ali parecia se importar com isso. O que importava mesmo para todos não era a origem de uma pessoa, mas, sim, a quantidade de dinheiro que conseguia conquistar ao longo da vida. Sob qualquer forma.

— Madame. — falou o chofer, com certa precaução. — Se eu fosse a senhora, iria embora daqui. Não lhe fará nada bem...

— Preciso ver com os meus próprios olhos essa festa, meu caro, nem que seja a última coisa que faço na vida.

Ainda que trêmula e se sentindo um tanto quanto zonza, Verônica adentrou a mansão. Por onde passava, despertava a atenção dos convidados, primeiro por estar trêmula, pálida e de rosto lavado; segundo, por estar vestida muito simplesmente, com um vestido preto, de luto e, terceiro, por ser ela, a poderosa Verônica Linhares de volta a casa que um dia fora sua, bem no dia da cerimônia do casamento de seu ex-marido e sua ex-grande amiga.

Évora quando avistou Verônica, gelou. Seu espanto foi tão evidente que chamou a atenção de Wagner, fazendo com que ele olhasse na mesma direção que ela. Ao avistar Verônica, pediu licença aos convidados com quem trocava ideias e foi até ela.

— O que você está fazendo aqui? — perguntou, entre dentes, procurando não causar escândalo. — Essa festa é só para convidados e pelo que sei você não foi convidada.

— Esta casa é minha. — respondeu ela, lacrimosa.

— Correção: esta casa foi sua!

— Eu precisava ver com meus próprios olhos para ver se acredito, de uma vez por todas, que tudo o que aconteceu entre nós foi verdade.

— Já viu? Pois bem, agora retire-se, pois você além de penetra não está vestida adequadamente para a ocasião.

Sem mais delongas o moço pegou o braço da ex-esposa, na altura do cotovelo e a conduziu para fora da casa. Ali, pediu ao mordomo:

— Conduza essa mulher até a rua, por favor. E se ela tentar voltar, impeça-a.

Assim foi feito. Ao ver a patroa, deixando a casa, o chofer correu até ela e a amparou até o carro.

— Eu disse para a senhora não ir lá, dona Verônica. Eu disse. A dona Nathália vai ficar uma fera comigo por eu tê-la trazido aqui. Ela me implorou para não acatar suas ordens, caso me pedisse para fazer uma coisa dessas.

— Fique tranquilo. Nathália não precisa ficar sabendo.

Sem mais delongas o carro partiu.

Assim que pôde, Évora foi até Wagner e perguntou, com discrição:

— Onde está Verônica?

— No olho da rua que é o seu lugar.

— Wagner, você não...

— Eu, sim, Évora. Ela não foi convidada...

— Mas...

— Nem mais nem menos. Ela a destratou e a pôs na rua quando você veio ao meu aniversário aquela vez, lembra-se? Pois bem, agora ela recebeu o troco. Aqui se faz, aqui se paga, meu bem.

— Tenho pena dela.

— Você deveria é sentir pena de si mesma, sua boba! Agora, por favor, esqueça esse episódio desagradável. A noite é nossa e é para ser a noite mais espetacular de nossas vidas, inesquecível. Depois de tudo que passamos, nós merecemos uma noite perfeita, não acha?

— Sim, meu amor.

Wagner abraçou a mulher amada e a beijou. Depois pousaram para fotos que saíram dias depois na coluna social dos melhores jornais da cidade.

Foi uma noite de glória para o casal. Uma das mais felizes que eles já haviam vivido até então.

CAPÍTULO 14

Haviam se passado 83 dias desde a festa para anunciar à sociedade a união de Wagner Cálio e Évora Soares.

Évora estava na sala de estar, olhando por uma das janelas, os raios do sol que se punham no horizonte, quando a criada apareceu à porta e pediu licença para lhe falar:

— Madame.

— Sim?

— Telefonema para a senhora.

Évora agradeceu e foi atender.

Quando Wagner encontrou a esposa junto ao console com o telefone, assustou-se com sua aparência. Évora estava com o rosto azulado, como se lhe faltasse o ar para respirar.

— O que houve, meu amor? — alarmou-se ele, correndo até ela. — Você está azul!

Os olhos dela, vermelhos e assustados, começando a transbordar em lágrimas encararam os dele. Demorou quase um minuto para que a resposta atravessasse seus lábios:

— É Verônica, Wagner...

— Ai, o que tem ela dessa vez?

— Ela... ela está morta.

Ele soltou um assovio e disse em tom zombeteiro:

— Morreu, é? Antes ela do que eu.

— Wagner! Verônica era minha amiga.

— E que amiga, hein?

Évora, apoiando-se sobre os móveis, dirigiu-se até o braço do sofá e se sentou.

— Deus... ela era tão jovem... Como pode ter morrido assim tão jovem?

Wagner, então, subitamente começou a cantarolar:

— Ó jardineira por que estás tão triste... Mas o que foi que te aconteceu? Foi a camélia que caiu do galho... Deu dois suspiros e depois morreu... Vem jardineira, vem meu amor... Não fiques triste que este mundo é todo teu... Tu és muito mais bonita... Que a camélia que morreu...*

— Wagner, por favor. — implorou Évora, entre lágrimas.

— Mas é verdade, meu amor! — exclamou ele com um sorriso alegre, iluminando sua face. — "Não fiques triste que este mundo é todo teu... Tu és muito mais bonita... Que a camélia que morreu...".

Ele, então, segurou o rosto da esposa, todo riscado de lágrimas e começou a lamber cada uma delas.

— Chega de lágrimas, Évora. — disse, entre uma lambida e outra. — De que servem elas? Se tivesse sido você quem morreu, Verônica estaria agora palpitando de alívio.

Ainda que aquilo fosse verdade, Évora continuou arrasada com a morte daquela que um dia tivera como sendo sua grande e melhor amiga.

Horas depois, Évora, vestindo luto, procurou o marido e perguntou:

— Você irá ao enterro comigo?

— Enterro?!

— Sim. Irá comigo?

— Eu?!

— Temos de ir, Wagner.

— Temos? Por quê? Pra quê?!

— É o mínimo que podemos fazer por Verônica.

— Esqueça Verônica, Évora, da mesma forma que ela se esqueceu de você assim que se interessou por mim. Verônica nunca se preocupou com

*A Jardineira (Benedito Lacerda-Humberto Porto, 1938)

você, no que o nosso rompimento lhe causaria. Não seja besta, boba, otária! Não fica bem para uma mulher rica e elegante como você é agora.

— Se você não vai, irei sozinha.

— Vá! Se isso é tão importante para você. Vá!

— Pois vou mesmo.

— Já que vai, tente descobrir para quem aquela filhinha de papai deixou o resto da sua fortuna.

Évora se indignou mais uma vez com o marido.

— Bem que podia ter sido para mim — completou ele, com um sorriso malandro, bailando nos lábios.

❧❦❧

Quando Nathália avistou Évora chegando ao velório, no mesmo instante, ela se dirigiu até ela.

— Olá, Nathália. — cumprimentou Évora. — Não podia deixar de vir. Eu e Verônica éramos muito amigas, você sabe...

— Você é mesmo uma cara de pau.

O tom de Nathália assustou Évora.

— Nathália, apesar de tudo que aconteceu entre mim e Verônica, eu lhe queria muito bem.

— Você é muito falsa, mesmo, Évora. Falsa e fingida. Quero que se retire desse lugar agora! Você é a última pessoa que Verônica gostaria de ver aqui.

— Nathália...

— Você sabe por que Verônica morreu, não sabe? Por sua causa. Você a matou, Évora. Matou-a aos pouquinhos. Matou-a sem dó nem piedade. Pois saiba que ninguém na vida fica impune. Você há de pagar pelo que fez a Verônica. Aqui se faz aqui se paga, não é isso que dizem? Pois eu torço para que seja verdade!

— Você não está sendo justa...

— Cala essa boca e suma daqui, agora! Se não fizer eu não me responsabilizo por meus atos.

Évora, sem graça, avermelhou-se, ao perceber que todos os presentes olhavam de viés para ela. Restou-lhe apenas se retirar antes que a situação ficasse ainda mais constrangedora. As flores que havia levado consigo, coube a ela, deixá-las sobre uma mesa que havia na entrada do velório do cemitério do Araçá.

— Para onde, senhora? — perguntou o chofer, assim que Évora entrou no carro.

Ela tentou responder, mas o choro a impediu.

— Senhora...

— Leve-me de volta para casa, por favor.

— Sim, senhora.

Enquanto o carro seguia caminho, as palavras de Nathália voltaram a ecoar na mente de Évora: "Você sabe por que Verônica morreu, não sabe? Por sua causa. Você a matou, Évora. Matou-a aos pouquinhos. Matou-a sem dó nem piedade. Pois saiba que ninguém na vida fica impune. Você há de pagar pelo que fez a Verônica. Aqui se faz aqui se paga, não é isso que dizem? Pois eu torço para que seja verdade!".

As palavras, ácidas, assustaram-na outra vez, provocando-lhe um arrepio na espinha, uma aflição na alma.

Assim que chegou a casa, Évora partiu em busca da filha:

— Cristina! Cristina! — chamou ela.

A menina soltou-se da babá assim que a mãe entrou no quarto. Évora a pegou nos braços e a abraçou forte e carinhosamente. Entre lágrimas, disse:

— Oh, minha adorada. Minha adorada... Como é bom abraçá-la. Mamãe a ama, ouviu? Ama muito.

Diante do estado da patroa, a babá perguntou:

— A senhora está bem?

Évora suspirou fundo antes de responder:

— Não, querida, não estou. Estou me sentindo péssima.

— Posso fazer alguma coisa pela senhora?

— Obrigada. Só de estar aqui com minha filha, já estou me sentindo melhor.

Quando Wagner voltou para casa naquela tarde, assim que encontrou a esposa, quis logo saber:

— E aí? Como foi lá?...

Évora, olhos vermelhos e lacrimejantes voltou-se para ele e respondeu:

— Nathália não me permitiu entrar no velório.

— Ela, o quê?! Mas que petulância.

— Wagner, ela me disse, com todas as letras, que sou a culpada pela morte de Verônica.

— Ela é louca!

— Ela está certa, Wagner. Muito certa.

— Não diga tolices, Évora. Verônica morreu porque era uma fraca, uma garota mimada que, quando perdeu o doce que mais queria, não soube sobreviver.

— Eu não sei... Ela adoeceu depois que se separou de você, depois que descobriu o nosso plano.

— Esqueça isso, Évora. Apague essa ideia ridícula do seu pensamento. A única culpada pelo que aconteceu a Verônica, é ela própria. Nunca se esqueça disso!

Évora tentou, mas não conseguiu.

No dia da missa de sétimo dia de Verônica Linhares, Évora estava presente. Desta vez, porém, tomou o cuidado para não ser vista por Nathália para não acabar expulsa do lugar como aconteceu no velório. Évora ainda se mantinha usando luto e procurava, sem solução, até então, esquecer a acusação que Nathália lhe fizera naquele dia.

❧❦

Naquela noite, Wagner atingiu o limite máximo da sua paciência. Foi até Évora e soltou o verbo:

— Eu não quero mais vê-la usando luto por Verônica, Évora! Quero vê-la vestida de agora em diante com roupas alegres e caras que compro para você com tanto carinho, compreendeu?

Évora, de forma submissa, respondeu:

— Está bem.

Wagner se mostrou contente, aproximou-se da esposa, beijou-lhe os lábios, sutilmente e num tom mais terno, perguntou:

— No que meu amor estava pensando quando aqui cheguei? Percebi que estava com a mente longe... Na verdade, venho notando que anda com mente longe já faz um bocado de tempo. O que anda se passando com essa cabecinha, hein?

Évora mirou fundo os olhos do marido e dividiu com ele o que a vinha atormentando há semanas.

— Não consigo deixar de pensar na acusação que Nathália me fez...

— Ah! Lá vem você de novo com essa história. Ah, faça-me o favor, Évora.

— Nós a matamos, Wagner.

— Não diga tolices!

— Matamos, sim! Indiretamente nós a matamos!

— O que deu em você, Évora?!

— Verônica adoeceu gravemente depois de descobrir o que fizemos. Todas aquelas barbaridades, aquelas perseguições pela Europa...

— Verônica morreu por causa do seu próprio veneno, Évora. Era uma cobra venenosa...

— Nós não deveríamos ter feito aquilo, Wagner. Não mesmo!

— É tarde demais para chorar sobre o leite derramado, minha querida. Agora acalme-se, você está se tornando neurótica.

— Estou arrependida, arrependida de tudo o que fiz contra ela.

— Ela jamais se arrependeu do que fez para você! De ter tirado o homem que você amava sem se importar com os seus sentimentos.

— Ela, Wagner, não eu! Comigo é diferente.

— Para mim, Verônica teve o que merecia. Que sua alma siga em paz, para o inferno, que é o lugar que ela merece passar a eternidade.

— Estou desconhecendo você, Wagner.

— Eu é que estou desconhecendo você, Évora. Virou uma pamonha de repente, o que há? Venha cá, isso, sorria para mim, vamos, não custa nada. Vamos passar um tempo na Europa junto de nossa filha adorada, isso fará com que você se recupere e pare de pensar nessas bobagens.

Évora procurou sorrir, mas não conseguiu.

Wagner, para abrandar a situação, encharcou-se de vinho naquela noite.

São Paulo, 1939

O tempo estava quente para aquela época do ano em São Paulo. Évora chegou à praça João Mendes caminhando com vivacidade em direção à igreja de São Gonçalo. Trazia um lindo e elegante chapéu de feltro, na cor preta, sobre a cabeça, que combinava primorosamente com a saia e a blusa que vestia.

— Preciso me confessar... — repetia em intervalos cada vez mais curtos. — A confissão liberta.

A caminho do seu destino, a elegante mulher, de tão perdida em pensamentos, colidiu com um garoto que vinha pela calçada na direção contrária. O choque entre os corpos a trouxe de volta à realidade. Ela tratou logo de pedir desculpas. O garoto, sorridente, desculpou-se também:

— Não foi nada, dona.

Évora tomava o caminho que levava à porta central da igreja, quando percebeu que seria melhor entrar por uma das portas laterais para evitar que a vissem.

Um padre que ajeitava flores num dos vasos diante de uma imagem de Nossa Senhora, parou o que fazia assim que percebeu a presença da elegante mulher. Quando seus olhos se encontram com os dela, estremeceu. Nunca, em toda vida, até onde se lembrava, vira tanta tristeza nos olhos de uma dama. Ele caminhou até ela, procurou sorrir e perguntou:

— Posso ajudá-la em alguma coisa?

Os olhos de Évora abriram-se de aflição. O padre tornou a perguntar:

— Posso ajudá-la em alguma coisa?

Ela moveu os lábios sem nada dizer. Ele procurou encorajá-la com os olhos. Por fim, parecendo ter grande dificuldade para falar, ela disse:

167

— Sim, padre, preciso de sua ajuda.

— A senhora me parece aflita...

— E estou. Se possível quero me confessar.

Outra surpresa para o padre, jamais, em toda vida, encontrara uma mulher de classe como aquela tão desesperada para fazer uma confissão.

Indicando o caminho que levava até o confessionário, ele disse:

— Por aqui, por favor.

Ela o seguiu, olhando volta e meia para os lados para ver se não havia ninguém por perto que fosse conhecido seu.

Assim que o padre se ajeitou dentro do confessionário, ela ajoelhou-se no genuflexório ao lado e olhou com temor e ansiedade para a janelinha do lugar. Sua respiração estava pesada naquele momento, era como se sofresse de profunda falta de ar. Percebendo sua dificuldade, o padre decidiu ajudá-la:

— Pode começar sua confissão, filha, sou agora os ouvidos de Deus.

O silêncio permaneceu. A respiração pesada pareceu se tornar ainda mais pesada.

— Tenha calma, filha...

— Padre. — disse Évora enfim, com a voz entrevada.

— Sim, filha...

Ela tornou a emudecer, levou quase dois minutos até que dissesse:

— Padre, eu nem sei como dizer... estou com tanto medo...

— Calma, filha. Por isso que a confissão é uma bênção, porque ela nos liberta.

— Eu preciso me libertar, padre.

— Deus a libertará.

— De qualquer ato indevido que eu tenha feito?

— Sim, pois Deus tudo perdoa...

— Não sei se Ele poderá me perdoar dessa vez, padre.

— Ele é misericordioso.

Ela tomou ar e, com grande dificuldade, falou:

— Padre, eu... — nova pausa, o tom de voz mudou ao dizer: — é melhor eu ir embora, foi uma tolice da minha parte ter vindo aqui. Nada pode me libertar do que fiz.

— Não subestime o poder de Deus, minha filha. Vamos lá, desabafe, será melhor para você.

— O senhor não entende, padre. Eu... eu matei uma mulher.

As sobrancelhas do homem arquearam-se.

— É isso mesmo o que o senhor ouviu, padre. — enfatizou a dama. — Eu matei uma mulher. Da mesma idade que a minha. Sou uma criminosa, padre! Uma assassina. E os assassinos não têm perdão, padre, não é mesmo? Sei que não têm. Pois a ninguém é dado o direito de tirar a vida do próximo.

O padre procurava dentro de si o que dizer, mas o baque da confissão calava-lhe a voz.

— É melhor eu ir. — continuou Évora. — Como disse: foi uma tolice eu ter vindo aqui. Eu sabia, o tempo todo, que não poderia me libertar do pecado que cometi.

— C-calma, filha. Como disse, Deus é misericordioso.

— Se Ele for misericordioso comigo que misericórdia Ele teria para com a mulher que foi vítima da minha maldade?

As palavras tornaram a se aglutinar na garganta do bom pároco.

— Obrigada, padre, por sua atenção.

Percebendo que ela se levantara, o padre quis sair do confessionário em busca daquela que acabara de confessar um crime, para lhe dizer alguma coisa, olhos nos olhos... Vencido pela vontade, ele deixou o local e, assim que avistou a elegante dama deixando a igreja, disse:

— Espere!

Évora travou os passos, voltou-se na sua direção e o fitou com seu olhar triste e infeliz. O padre pensou em dizer-lhe mais alguma coisa, mas as palavras perderam a força subitamente. Évora, então, afastou-se, a passos rápidos, olhando por cima do ombro na direção do homem.

Ela seguia aflita para fora da igreja quando, ao voltar-se para trás, para ver se o padre a seguira, pisou em falso e teria caído se não fosse amparada naquele instante pelas mãos rápidas e afetuosas de um moço. Um moço com um estranho brilho no olhar. Os olhos de ambos se encontraram e se congelaram um no outro.

Era alguém que ela havia conhecido quatro anos atrás. Em março de 1935 quando chegou à Avenida Paulista para pedir a Verônica Linhares um emprego para o noivo.

O moço, alto, de ombros largos, queimados pelo sol, bem-escanhoado e de olhos cinza-claros tentou dizer alguma coisa a ela, mas Évora, aflita, desvencilhou-se dos seus braços e partiu, estugando os passos.

— Espere! — chamou o homem, mas Évora não esperou, continuou andando apressada, mostrando sinais de autêntico desespero.

Nisso, a atenção do cavalheiro foi dispersada por duas senhoras que se achegaram a ele para pedir-lhe informação. Ao voltar os olhos na direção que Évora havia tomado, não pôde mais localizá-la. No entanto, seguiu ao seu encalço, estava preocupado com ela, seu rosto dava sinais de quem estava prestes a perder a cabeça e cometer uma loucura.

Não demorou muito para que localizasse a moça que tanto procurava. Estava sentada, sozinha, num dos bancos da praça rente à fonte. Tinha os olhos perdidos no infinito; parecia imersa em meditação. Mas, não, pensou o homem, não era isso: algo perturbava a sua mente. Estava perdida no seu limbo particular, inteiramente alheia ao lugar e circunstâncias.

Ele aproximou-se dela com cautela e disse:

— Você não me parece bem... Posso ajudá-la em alguma coisa?

Ela, suspirou profundamente e o penteado lentamente se desmoronou sobre seus ombros.

— Quem é você? Seu rosto não me é estranho.

— Não sou mesmo. Já nos vimos antes. Há uns quatro anos atrás. Você caminhava pela Avenida Paulista e parou em frente a uma das mansões para admirar uma roseira. Eu era o jardineiro da casa na época.

Évora parecia estar fazendo grande esforço para se recordar.

— Ah, sim... — suspirou. — Acho que me lembro... Fiquei de passar na casa para apanhar a rosa, não foi?

— E passou. Fui eu mesmo quem a entregou a você.

— Eu adoro rosas, especialmente as vermelhas.

— Deve ser porque elas representam o amor, não?

— Talvez...

Um silêncio temporário permaneceu entre os dois até que ela perguntasse:

— Você gosta do que faz?

— Gosto. Além do mais sou uma pessoa muito querida na casa onde trabalho. Meus patrões são boníssimos para comigo, gente muito boa mesmo. Conheço também muitos vizinhos para quem presto serviço nas minhas horas de folga. Não tenho do que reclamar, só agradecer.

Évora pareceu apreciar o que ouviu. Houve novamente uma boa dose de silêncio entre ambos, momento em que Évora ficou olhando para o homem de postura ereta, com os ossos do rosto e da cabeça, salientes, o cabelo preto como carvão. Um indivíduo feio, de bom coração. Pena que as mulheres muito raramente se encantam só pelo coração de um homem.

Foi ele quem rompeu o silêncio, perguntando:

— Desculpe me intrometer, mas o que a perturba tanto?

— Dá para perceber que estou perturbada?

— Sim.

— É tanta coisa, que... — ela tomou ar e resumiu seu drama. — É a culpa pelo que fiz a essa mulher, uma amiga na verdade, minha melhor amiga no passado que está acabando comigo, martirizando o meu coração.

— Você já tentou pedir-lhe desculpas?

— Já. Mas de nada adiantou. Ela jamais me perdoou.

— Perdoou?

— Sim. Agora ela está morta e...

— Eu sinto muito...

— Dizem que ela morreu por causa do que fiz a ela... E eu, bem, acredito nisso.

O homem se viu sem palavras diante da revelação.

Houve uma breve pausa até que ele dissesse:

— De que vale a culpa, agora? Ela nada vai mudar o que aconteceu. Se quer meu conselho, não se deixe mais abalar por isso. Se continuar assim, acabará doente e, pelo que sei, você tem uma filha para criar, uma filha que precisa muito de você.

As palavras reanimaram Évora.

— Você tem razão. Havia me esquecido desse detalhe... Vou seguir seu conselho, por minha filha. Obrigada.

Com permissão de Évora, o gentil cavalheiro acompanhou-a até o local onde o chofer esperava por ela, no carro.

Ela voltou para a casa, aquele dia, sentindo o coração menos opresso. O jardineiro voltou à igreja de São Gonçalo onde rezou por todos que amava e também por Évora Soares, por quem nutria grande afeto.

CAPÍTULO 15

Nas semanas seguintes, uma forte indisposição levou Évora Soares Cálio a consultar um médico. Quando voltou da consulta, encontrou o marido sentado na poltrona da sala de estar como se fosse um lorde, distraindo-se com as notícias do jornal. Ao vê-la, perguntou:

— E então, meu bem, o que o médico disse?

Ela, entre um sorriso de alegria e apreensão, revelou:

— Ele disse, Wagner, que estou grávida.

Wagner pôs o jornal de lado no mesmo instante, levantou-se e foi abraçar a esposa:

— Grávida, meu amor?! Mas que notícia maravilhosa.

— Eu também fiquei muito feliz quando ele me contou a novidade...

— Não tanto quanto eu, aposto.

— Ah, seu bobo...

Os dois trocaram um beijo demorado que se encerrou com uma frase clichê que a boca dos apaixonados não cansa de repetir:

— Eu a amo, muito.

— Eu também o amo, Wagner. Muito.

A notícia foi recebida pela filha do casal com grande entusiasmo e alegria.

— Diga, meu amor, você quer uma irmãzinha ou um irmãozinho? — perguntou Évora à filha.

A menina voltou-se para o lado como se houvesse alguém sentado ali e murmurou alguma coisa. Depois de exclamar "Ah!" voltou-se para a mãe e disse:

— Prefiro um irmãzinho, mamãe.

— Tomara que seja, minha querida. Mas se não for, não tem problema algum, uma irmã é sempre muito bem-vinda...

A filha sorriu. Virou-se para o lado e voltou a sorrir. Évora, achando graça do modo como a menina se comunicava com o seu amigo invisível, comentou:

— Percebo que está sempre de segredinhos com seu amiguinho invisível, não?

A menina anuiu com a cabeça.

— Você gosta dele?

— Não é amiguinho, mamãe. É amiguinha.

— Amiguinha?

A menina tornou a concordar com a cabeça.

— E qual é o nome dela?

A menina voltou-se para o lado e perguntou, baixinho, o nome.

— Bella, mamãe. O nome dela é Bella.

— Bella?... É um nome muito bonito. Diga a ela que a mamãe gostou muito.

A menina passou a informação adiante na mesma hora e com muito orgulho.

Évora abraçou forte e calorosamente a menina e murmurou:

— Filhos... queridos... os quais tanto sonhei ter um dia... Nós seremos uma família feliz, muito feliz...

Semanas depois, Évora encontrava a filha brigando com a babá no jardim da casa. A menina queria porque queria que a moça saísse do assento do balanço em frente ao dela. A babá, com receio de deixar a menina ainda mais irritada, acabou acatando sua ordem. Voltou-se para a patroa e disse:

174

— Ela não quer que eu sente ali porque, segundo ela, é o lugar da Bella.

— Bella? — estranhou Évora, levando algum tempo para compreender a quem a filha se referia. — Ah, sim, sua amiguinha invisível.

— Essa criançada tem cada uma, não, senhora? Dizem que toda criança tem seus amiguinhos invisíveis, mas eu, sinceramente, não me lembro de tê-los tido.

— Acho que quase nenhum de nós se recorda dos amigos invisíveis quando cresce. Mas uma coisa é certa, toda criança tem o seu. Um ou mais, mas sempre tem.

Évora voltou a olhar com admiração para a filha, conversando com Bella como se a amiguinha invisível fosse de carne e osso. Quando se cansou de balançar, a menina deixou o brinquedo com a ajuda da babá e foi até a mãe. Évora a abraçou e beijou carinhosamente como sempre. Depois perguntou:

— Pelo visto a Bella também gosta muito de balançar, não? Deve ser uma criança adorável como você.

— Ela não é criança, mamãe. É grande assim como a senhora.

A revelação surpreendeu Évora, jamais pensou que uma criança criasse na imaginação uma adulta como amigo invisível.

— É mesmo?! — continuou Évora, demonstrando interesse pela filha. — E a Bella é bonita como a mamãe?

A menina assentiu com a cabeça e tornou a beijar a mãe, afetuosamente. Depois, acariciando sua barriga, perguntou:

— Quanto tempo falta para o meu irmãzinho sair de dentro da barriga da mamãe?

— Falta pouco, minha querida. Logo vocês estarão brincando juntos pela casa, andando por aí de mãos dadas, vai ser uma alegria só.

Diante das palavras da patroa, a babá perguntou:

— A senhora prefere menino ou menina?

— Desde que nasça com saúde qualquer sexo é bem-vindo. Cristina sempre se refere ao bebê como sendo um menino.

— Será que ela está certa?

— Não sei... Ela me disse que foi Bella quem disse a ela que o bebê será um menino.

— Essa Bella... — riu a moça. — E a senhora já tem nome para pôr na criança?

— Se for menino eu pensei em batizá-lo com o nome de Olavo, mas Cristina insiste que o irmão se chame Juca. Pode?

— Essas crianças...

— Acho que teremos de decidir o nome do bebê na última hora.

Naquela noite, Wagner voltou para casa trazendo um buquê de lindas flores para a esposa. Encontrou-a na sala, de frente para o grande espelho que havia ali, acariciando a barriga que estava cada vez mais protuberante. Abraçou-a por detrás e beijou-lhe o pescoço.

— Para você. — disse, entregando a ela o buquê.

— São lindas.

— Flores para uma flor.

Observando mais atentamente a esposa, comentou:

— Você está uma grávida muito mais bonita do que quando esperou Cristina.

Évora agradeceu o elogio, beijando-lhe a face.

— O jantar já está pronto? — perguntou ele, a seguir, dirigindo-se para a escadaria. — Quase? Então dá tempo de eu tomar um banho rapidinho, não? Volto já.

— Espero por você, meu amor. — respondeu a esposa, voltando a se admirar no espelho.

Wagner subia os degraus de dois em dois como sempre fazia, quando ouviu um estalo ecoar pela sala, seguido de um grito agudo e histérico. Ele, imediatamente correu até a esposa.

— O que foi?! Que estalo foi esse?! Por que gritou assim? Aconteceu alguma coisa? Diga-me, por favor. — insistiu ele, alarmado.

Évora se mantinha em pé, branca, com as mãos prensando seu maxilar.

176

— Évora?! — insistiu Wagner.

Nisso os empregados chegaram à sala. Foi então que Wagner avistou o grande espelho trincado. Enviesando o cenho olhou para a esposa e perguntou:

— O que houve aqui?

— O espelho Wagner... — murmurou ela, arquejando. — O espelho, de repente, se partiu.

Ele simplesmente riu, um riso nervoso.

— Você quer me matar de susto? O espelho trincou e daí? É motivo para fazer esse escarcéu todo? Amanhã o trocamos por um novo e se quebrar outra vez o trocamos novamente, quantas vezes for preciso.

— Foi estranho... — explicou Évora, pálida. — Provocou-me uma sensação muito estranha. Eu olhava para o meu reflexo enquanto acariciava com grande satisfação a minha barriga quando ele, sem ter nem por que, partiu-se.

Ainda rindo, Wagner abraçou a esposa e disse num tom alegre:

— Já passou, meu amor. Agora, acalme-se. A gravidez pelo visto a deixou com os nervos à flor da pele.

Enquanto a abraçava, ele fez sinal para que os empregados se retirassem do local. Depois de beijá-la, acariciando ternamente seus cabelos, completou:

— Está mais calma? Ótimo. Vou tomar meu banho, agora. Logo desço para o jantar.

Assim que ele se foi, Évora voltou a olhar para o espelho trincado e a visão lhe causou novamente um profundo arrepio na espinha. Era horrível ver seu reflexo todo desencontrado, como se fosse ela quem tivesse se partido em pedaços.

Dias depois, Évora se encontrava na sala com lareira, terminando a manta de crochê que estava fazendo para o bebê que ia nascer quando, subitamente, uma rajada de vento bateu as venezianas da janela, provocando-lhe um grande susto. Imediatamente ela respirou fundo e tentou se acalmar.

Foi até a janela e escancarou as venezianas outra vez para clarear o ambiente, de repente, se ver ali, ainda que fosse na penumbra, tornara-se por demais assustador.

Disposta a tomar um leite com açúcar, deixou o que fazia de lado e se encaminhou para a cozinha. Foi então que percebeu que o vaso de cristal sobre a mesa estava trincado. Ela imediatamente chamou pela criada.

— Pois não, madame?

— Esse vaso está trincado, quando foi que isso aconteceu? Quem deixou isso acontecer?

Minutos depois todos os empregados da casa estavam reunidos ali. Ninguém, porém, assumiu o dano. Para todos, o vaso trincado foi também uma surpresa.

— Podem ir, obrigada pela atenção. — agradeceu Évora, polida como sempre.

— Madame. — disse uma das criadas.

— Sim.

— Acabo de reparar que essa peça de cristal também está trincada.

Évora, de cenho franzido foi verificar.

— Você tem razão, que estranho duas peças de cristal racharem assim... O que será que provocou essas rachaduras?

Ninguém soube explicar.

Évora tornou a agradecer aos empregados e dispensá-los. Desde então, algo ficou se agitando em seu cérebro.

Outro acontecimento estranho ocorreu numa noite, pela madrugada, quando ela foi até a cozinha apanhar uma jarra de água para substituir a que mantinha em seu quarto para qualquer eventualidade durante a noite e que havia quebrado sem querer. Ela voltava da cozinha, com a jarra nas mãos, preparava-se para subir a escada quando ouviu estalos e mais estalos, como se pedras estivessem sendo atiradas contra um vidro. Évora, imediatamente acendeu a luz para descobrir o que era aquilo. Para seu total espanto e horror, cálices e mais cálices haviam se espatifado nas prateleiras.

No dia seguinte, Évora acordou diferente, parecia temerosa com tudo e com todos. Assim que informou as empregadas do sucedido na madrugada, uma delas, assim que chegou à cozinha, comentou com a mais íntima:

— Nossa, que coisa esquisita, não? Esses vasos, taças e espelho, trincando assim de um dia para o outro... É muito estranho, não?

— Para mim isso é coisa do demo.

— Demo?! C-como assim?

— Coisa do demônio, ora! É ele quem anda assombrando esta casa.

— Você acha mesmo que...

A mulher assentiu com a cabeça com muita convicção.

— Mas por que o demônio haveria de estar assombrando esta casa?

— Isso, eu não sei. Deve ser porque os patrões não são religiosos.

— Se for verdade, não vou ter mais coragem de ficar sozinha nos aposentos.

A moça deu três toques na madeira e disse fazendo também o sinal da cruz:

— Xô pra lá, satanás! Só não peço demissão agora porque não tenho outro emprego em vista para me sustentar, mas assim que tiver, sumo daqui na mesma hora.

A outra mordeu os lábios, apreensiva.

Nas semanas que se seguiram tudo que era de cristal na casa continuou se espatifando misteriosamente. Wagner encarava aquilo com normalidade. Para ele algum som estridente, provavelmente de alguma construção nas imediações, estava provocando aquilo. Évora procurava seguir a ordem desse raciocínio.

Certa tarde, ela estava novamente a sós na sala de estar, procurando tirar um cochilo, quando teve a impressão de que uma sombra passara pelo seu rosto. Ao abrir os olhos, viu uma mancha esbranquiçada, meio disforme, em sua frente, o que a fez gritar, histérica e se levantar da poltrona num pulo. O grito foi tão agudo que pôde ser ouvido até mesmo pelo jardineiro que trabalhava nos fundos da casa. As criadas imediatamente correram para aquela sala. Ao chegarem, uma delas perguntou:

— A senhora está bem? Ouvimos a senhora gritar.

Évora, com o rosto branco como cal, respondeu:

— Gritei, foi? Devo ter cochilado e tido um sonho mau. Estou bem, não se preocupem.

— A senhora tem certeza? — ressalvou a prestativa funcionária.

— Tenho sim, obrigada.

As criadas voltaram para a cozinha com fortes suspeitas de que a patroa vinha sofrendo de algum tipo de doença nervosa.

A babá, então, tomou a liberdade para comentar com a patroa o que há muito queria falar:

— Dona Évora, desculpe me intrometer, mas... a senhora já parou para pensar que, de repente, talvez essa casa esteja sendo assombrada?

— Assombrada? — surpreendeu-se Évora.

— Assombrada, sim. Desculpe dizer...

— Ora, mas por quê? Por quem?

— Talvez...

— Diga, mulher.

Ainda que em dúvida, a moça deu sua opinião:

— Talvez pela antiga moradora. Segundo comentam, ela ficou com muito ódio da senhora e de seu marido.

— Verônica? — murmurou Évora, baixinho.

— Talvez a senhora devesse procurar ajuda espiritual. Dizem que os espíritos dos desencarnados, quando revoltados, podem interferir no mundo dos vivos, causando perturbações psicológicas e também fenômenos como cristais que se estilhaçam e espelhos que partem como vem acontecendo por aqui! Podem até muito mais do que isso. Podem tirar vidas.

— Obrigada por se preocupar comigo, conosco.

— Não há de quê, senhora. Se precisar de alguma ajuda espiritual conheço uma senhora que faz um trabalho espiritual muito bom.

— Eu informo você, obrigada.

Assim que ficou só no aposento, as palavras da babá voltaram a ecoar

180

em sua mente.

— Será que é ela... — indagou-se. — Será que é Verônica quem está provocando todos esses acontecimentos estranhos pela casa?

Subitamente, Évora começou a rir de si mesma por cogitar tal possibilidade.

— Ah, Évora, sua boba... só você mesma para pensar que o espírito de Verônica está a assombrar esta casa. Se Wagner souber que você ousou cogitar essa possibilidade, ele vai caçoar um bocado de você.

Apesar de ter rido da possibilidade, naquela noite, ao entrar no cômodo para apanhar a manta que estava fazendo para o bebê, um arrepio, subitamente, gelou-lhe a alma. O lugar cercado de cortinas agora a amedrontava consideravelmente. Isso fez com que ela partisse dali, apressadamente.

Semanas depois, Verônica dava à luz ao bebê. Assim que a bolsa estourou, Wagner a levou imediatamente para a maternidade. Estava que mal se continha de felicidade. Assim que a criança veio ao mundo, uma das enfermeiras foi até ele e disse, eufórica:

— É um menino. Um menino!

A surpresa tirou lágrimas dos olhos do mais novo papai.

— Um menino... — murmurou, maravilhado. — O filho que eu tanto sonhei ter... Que maravilha.

Wagner, de repente, começou a andar por entre a maternidade informando a todos que encontrava pelo caminho o grande acontecimento:

— Sou pai! Acabo de ser pai de um lindo e belo garoto!

— Parabéns! — diziam as pessoas maravilhadas com o seu entusiasmo.

— Preciso de um charuto! Dizem que um pai deve fumar um charuto quando nasce seu filho, não é mesmo? Então, alguém me arranje um, por favor — brincou ele, tirando riso dos presentes.

Ao voltar para a sala de espera, a enfermeira o conduziu até o quarto onde a esposa estava acamada. Wagner curvou-se sobre ela e beijou-lhe a testa.

181

— Você já sabe que se trata de um menino? — perguntou Évora. — Que bom. Não é ótimo? Uma surpresa maravilhosa. Que nome vamos dar ao garoto?

— V-você escolhe, meu amor. Cristina quer que ele se chame Juca, eu pensei em Olavo, faça uma sugestão você...

— Eu, bem, estou tão emocionado, tão feliz pelo nascimento do garoto que nem estou conseguindo raciocinar direito.

Nisso alguém bateu à porta. A seguir o médico que fez o parto pediu licença para entrar.

— Olá, doutor? — cumprimentou Wagner, feliz. — E o meu meninão, quando posso vê-lo?

O médico de rosto sério, foi direto e objetivo:

— Eu não trago boas notícias para vocês. A criança infelizmente acaba de falecer.

Wagner levou quase um minuto para reagir diante da informação.

— A criança, o quê?

— Ela infelizmente faleceu.

— O senhor só pode estar brincando...

— Infelizmente, não. Ao que parece ela teve uma espécie de insuficiência respiratória...

Um grito irrompeu do peito de Wagner:

— Eu não quero ouvir! Quero apenas o meu filho aqui junto de mim.

— Eu sinto muito, procure se acalmar, meu senhor, por favor.

Wagner, aos prantos, voltou-se para Évora que também se contorcia de tristeza pela perda do filho. Ele então debruçou-se sobre ela enquanto o choro agoniado estremecia os dois. Quando conseguiu se controlar, fitou a esposa por um minuto com um olhar profundo e comovente e disse:

— Não se preocupe, meu amor. Nós teremos outro... muitos outros.

Ela assentiu com uma estarrecedora tristeza no olhar.

CAPÍTULO 16

Haviam se passado dois meses desde o triste acontecimento. Apesar das janelas abertas, a sala onde Évora se encontrava estava na penumbra. A casa estava tão silenciosa que mais parecia a morada da morte. Évora fechou os olhos, tentando mais uma vez esquecer-se do filho que perdera uma hora após o seu nascimento. A perda ainda doía fundo em sua alma. Ah, se certos momentos da vida pudessem ser apagados simplesmente com uma borracha, que maravilha a vida seria então, pensou.

Subitamente, aparecendo por trás da lâmpada, ela viu novamente uma névoa esbranquiçada, pairando no ar. Como se fosse uma pequena nuvem sendo levada pelo vento. Ela piscou os olhos por diversas vezes para se ver livre da visão por achar que aquilo era provocado por um dos cílios que havia grudado ao outro enquanto manteve os olhos fechados. Quando a névoa esbranquiçada desapareceu, Évora estava cismada: o que viu teria sido mesmo um efeito provocado pelos cílios ou algo realmente estivera ali pairando no ar? Se fosse, o que seria?

Évora despertou de seus pensamentos quando a babá chegou com a filha.

— Mamãe! — chamou a menina, correndo até ela.

A mãe abraçou a menina, ternamente.

— Você está suando, minha querida... Estava correndo, é?

A garotinha com grande presteza respondeu:

— Eu e Bella estávamos balançando.

— Ah, você e Bella... sei...

— Mamãe cadê o meu irmãzinho?

Évora tornou a abraçar a filha e respondeu, chorosa:

— Oh, minha querida... Seu irmãzinho vai demorar um pouquinho para chegar, mas um dia ele vem...

A cena entre a mãe e a filha também conseguiu tirar lágrimas da babá.

Naquela noite, assim que teve a oportunidade, Évora contou ao marido a respeito da estranha visão que tivera naquela tarde para que ele pudesse dar seu parecer sobre aquilo.

Wagner, rindo, descaradamente daquilo, brincou:

— Seria um fantasma, Évora?

— Você acha mesmo?

— Não, sua boba. Estou apenas brincando com você. Fantasmas não existem.

— Ah, bom, é porque a babá levantou essa hipótese.

— E você lhe deu ouvidos?

— Não, Wagner, é lógico que não.

— Acho bom mesmo.

Pegando a esposa pelo punho, ele a puxou e a fez encostar seu rosto no seu peito.

— Psiu! — chamou ele, querendo fazê-la olhar para ele. — Olhe para mim, vamos.

Quando ela atendeu seu pedido, ele a beijou. Depois, sorrindo, comentou:

— Às vezes você me parece uma menininha frágil e indefesa, Évora. Nem nossa filha, por ser uma criança, é tão frágil e indefesa como você me parece.

— Você tem razão, Wagner. Cristina me parece bem mais forte do que eu.

Nos dias que se seguiram, Évora procurou acreditar que o marido estava certo quanto ao que disse a respeito da estranha visão que ela teve naquela tarde na sala de estar. De fato, aquilo só poderia ter sido provocado pelos olhos que ficaram fechados por um tempo e pela pouca luz que invadia o ambiente.

Disposto a recuperar a alegria de viver, Wagner passou a levar a filha e a esposa todo dia para fazer um passeio diferente pela inigualável São Paulo. Num dia foram ao Mercadão, noutro ao aeroporto, noutro ao Museu do Ipiranga. Quando foram almoçar num gracioso e magnífico restaurante italiano no centro da cidade, algo surpreendente aconteceu. Voltando pela calçada, cada um dando uma mão para a filha, Cristina se soltou dos dois e correu chamando por "Bella".

— Bella?! — estranhou Wagner.

— É a amiguinha invisível de Cristina. — explicou Évora, indo atrás da menina.

Cristina parou em frente a um hotel, estudou a entrada por alguns segundos e entrou. Évora conseguiu detê-la pouco depois.

— Filha! Nunca mais faça isso, é perigoso, ouviu?

Ao prestar melhor atenção na recepção do hotel, Évora arrepiou-se. Era o hotel onde Verônica Linhares havia vivido os dois últimos anos de sua vida.

Eles voltavam para casa de carro quando Wagner voltou-se para a esposa e perguntou:

— Você estava tão alegre e, de repente, ficou entristecida. O que houve?

— Nada não. Fiquei apenas preocupada com Cristina. Receosa de que ela tivesse atravessado a rua e um carro a atropelasse.

— Nossa! Que trágica você ficou de repente, hein?

Évora não ouviu, estava com a mente aturdida demais para prestar atenção ao que o marido dizia.

❧✥❧

Dias depois, quando visitava o jardim que ficava nos fundos da casa, Évora teve uma surpresa muito desagradável.

Um grito agudo irrompeu de seu interior, ao avistar uma rosa vermelha pisoteada ao chão. Diante do seu grito, as criadas e o jardineiro correram para lá. Foi bem a tempo de o homem amparar a patroa nos braços, quando ela perdeu os sentidos.

Quando Évora voltou a si, estava na cama, em seu quarto, sendo examinada por um médico, observada pelo marido.

— Fisicamente ela está bem. — afirmou o médico. — Emocionalmente, não.

Wagner achou melhor dar ao homem as devidas explicações:

— Depois que perdemos o nosso filho, doutor, minha esposa ficou um tanto fragilizada.

— Eu sinto muito. Isso pode explicar muito bem a razão por trás desse rompante que ela teve esta manhã.

Assim que o médico partiu, Évora voltou-se para o marido e disse, seriamente:

— Havia uma rosa, Wagner...

— Rosa, que rosa?! Do que está falando?

— Havia uma rosa vermelha esmagada no jardim, do jeitinho que eu deixava aquelas na Europa para assustar Verônica.

O moço não pôde reprimir um leve sorriso.

— Não ria de mim, Wagner, por favor, é sério...

— É quase impossível deixar de rir, meu amor. Eu sinto muito. Mas rosas murchas e despetaladas se encontram em qualquer lugar. Essa que você viu e que a assustou tanto foi apenas mais uma delas, só isso.

— Eu não sei, Wagner. Para mim...

— Évora! Acho melhor não completar a frase.

A moça disse então, apenas o que ia fundo em seu coração:

— Nós não deveríamos ter feito aquilo com Verônica, Wagner, nunca! Se você não tivesse insistido...

— A viagem não teria sido tão divertida, sinistramente divertida como foi.

Wagner inclinou-se sobre a esposa, beijou-lhe a ponta de seu nariz e disse:

— Acalme-se, meu amor. Foi apenas um susto. Não se amofine mais com isso, por favor.

Mas o rosto de Évora tornou-se sério e ansioso desde então. Por mais que tentasse, não conseguia tirar da cabeça a rosa pisoteada, caída no chão. Ela não queria, mas não conseguia deixar de pensar na hipótese de que ela havia sido deixada pelo espírito de Verônica Linhares. Mas aquilo, como Wagner havia lembrado, era impossível. "Fantasmas não existem, Évora... Não existem...", repetiu ela na sua mente. Todavia algo dentro dela, sem saber ao certo o porquê, discordava profundamente.

As palavras da babá foram novamente relembradas pela moça:

"Dona Évora, desculpe me intrometer, mas... a senhora já parou para pensar que, de repente, talvez essa casa esteja sendo assombrada? Pela antiga moradora. Segundo comentam, ela ficou com muito ódio da senhora e de seu marido. Talvez a senhora devesse procurar ajuda espiritual. Dizem que os espíritos dos desencarnados quando revoltados podem interferir no mundo dos vivos, causando perturbações psicológicas e também fenômenos como cristais que se estilhaçam e espelhos que partem como vem acontecendo por aqui!"

Évora, com uma sombra de inquietação em seu rosto comentou consigo mesma em voz alta:

— Isso é loucura...

A frase final ficou ecoando por um longo minuto em sua cabeça. Se realmente tudo aquilo estava sendo feito pelo espírito de Verônica Linhares, teria ela alguma coisa a ver com a morte misteriosa do filho uma hora após o seu nascimento? Um arrepio gelou-lhe a espinha. O medo e a aflição desabavam agora sobre a moça de forma ainda mais assustadora. Ela precisava parar de pensar naquilo tudo, antes que enlouquecesse. Desde então, toda vez que o pensamento afluía em sua mente, Évora procurava repeli-lo, repetindo insistentemente as palavras do marido: "Fantasmas não existem... Fantasmas não existem... Tire isso da cabeça!". Ela haveria de tirar, sim, haveria de tirar.

O jantar, dias depois, foi envolto mais uma vez numa atmosfera fúnebre e infeliz. Évora mal tocou nos alimentos que pôs no prato. Satisfez-se apenas com a canja. O mesmo aconteceu com Wagner.

Enquanto a criada retirava a louça, o marido pousou sua mão direita sobre a esquerda da esposa que estava sobre a mesa e disse, com voz esperançosa:

— Nós vamos superar essa fase, meu amor. Nada como o tempo para nos fazer esquecer da morte do nosso filho.

— Será mesmo?

— Pode acreditar, meu bem. — aventou Wagner, querendo muito acreditar no que dizia.

❦❦

Após longos dias trancafiada dentro da casa, Évora sentiu-se mais disposta para deixar o lugar. Na primeira manhã, longe do quarto, foi até o jardim onde costumava ficar sentada em um dos lindos bancos de alvenaria, tomando banho de sol.

— Bom-dia, senhora. — cumprimentou o jardineiro no seu tom mais cordial. — Que bom vê-la recuperada!

Évora olhou para o moço, que a fitava com toda simpatia e lhe agradeceu.

— Com licença? — pediu ele, a seguir, dirigindo-se para a porta que levava ao porão da casa.

Évora ficou ali com o olhar perdido no nada, vindo só a despertar quando a porta do porão, sem querer, bateu. Olhou para lá e o moço, prontamente se desculpou pelo ocorrido. Tomada de súbita curiosidade, ela seguiu até o local. Considerou por um momento se deveria ou não espiar seu interior, por fim, acabou cedendo.

— Minha senhora, o lugar está bastante empoeirado e repleto de teias de aranha. — alertou o serviçal.

— Nunca entrei nessa parte da casa. O que guardam aí?

— O material de jardinagem e... Há baús de madeira com velharias.

— Baús?

— Sim. Não temos baús.

O moço fez ar de interrogação. Houve uma pausa apreciável antes que opinasse:

— Então devem pertencer aos antigos moradores, não?

Ele esperou que a patroa dissesse mais alguma coisa, mas diante do seu silêncio, pediu-lhe licença e se retirou. Évora voltou a olhar para a porta do porão em dúvida se deveria entrar ou não. Por fim, acabou voltando para a casa.

Dias depois, um sonho mau fazia com que Évora despertasse do sono mais uma vez durante a madrugada. Sua agitação na cama fez com que Wagner também despertasse. Ao vê-la sentada, alarmou-se:

— O que foi? Outro pesadelo, é?

— Sim, com o porão... — murmurou ela.

— Porão?...

— Sim, o porão da casa. — explicou ela, pensativa. — Há algo lá, alguma coisa... Preciso ver o que é.

— Aonde você vai?

— Ao porão.

A voz de Wagner subiu num uivo:

— À uma hora dessas?! Ah, por favor, Évora... O que você vai conseguir enxergar naquela escuridão? O lugar não tem luz, sabia? Amanhã você passa lá e põe um ponto final em toda essa história. A meu ver as únicas coisas que você vai encontrar naquele lugar são ratos, baratas, aranhas e lagartixas. Agora relaxe, você precisa dormir.

Wagner então envolveu a mulher amada em seus braços e ficou alisando seus cabelos na esperança de tranquilizá-la.

— Isso, meu amor, relaxe, vamos... — encorajou-a, com doçura na voz.

Évora acabou dormindo porque seu físico necessitava de sono, sua mente não, mantinha-se a mil.

Na manhã do dia seguinte, assim que as empregadas chegaram a casa, Évora foi até o porão acompanhada de uma delas. Apesar de ser um dia ensolarado, pouca luz penetrava o local. O jardineiro estava certo quando disse que havia muito pó e teias de aranhas espalhadas por ali. Era impossível adentrar o recinto sem se sujar e sem que as teias grudassem nos cabelos.

Não demorou muito para que Évora encontrasse os baús de que ele havia lhe falado. Com a ajuda da criada os levou para fora, puxou então um banquinho, sentou-se diante de um deles, abriu-o e começou a ver o que guardavam. Eram roupinhas de boneca, mantinhas, bibelôs, panos de prato e fotos. Pertences da família de Verônica, certamente, que haviam sido esquecidos ali.

A menina que aparecia na maioria das fotos era Verônica, percebeu ela. Ao lado da mãe, do pai, dos dois ao mesmo tempo. Atrás das fotos havia, escrita a mão, a data em que foram tiradas, o local e a idade de Verônica na época.

— Pobre Verônica... — murmurou Évora —, deve ter se esquecido completamente desses baús guardados aqui no porão. Se estivesse viva iria certamente gostar de ver essas fotos.

Então subitamente, ela soltou um grunhido e recuou o corpo assustada. Em duas fotos lia-se:

"Nossa querida Bella aos seis anos de idade". "Verônica 'Bella' no seu sétimo aniversário."

Évora tornou a estremecer. Apertando a mão direita contra a boca, murmurou:

— Bella... Bella era o apelido de Verônica, eu mesma a chamei muitas vezes assim quando éramos meninas. Como pude me esquecer desse detalhe?

Novamente as palavras da filha voltaram a se repetir na sua mente:

"Não é amiguinho, mamãe... É amiguinha."

"Ela diz que seu nome é "Bella".

"Sim, mamãe, Bella é seu apelido.".

"Ela não é criança, mamãe. Ela é grande assim como a senhora."

— Deus meu! — exclamou Évora, perplexa. — A amiga invisível de minha filha é Verônica. Verônica Linhares... É ela mesma, como supôs a babá, quem está assombrando todos nós.

Novamente, ela sentiu sua alma gelar.

CAPÍTULO 17

A primeira atitude que Évora tomou assim que descobriu a ligação entre o nome de Verônica a Bella foi procurar a filha. Cristina brincava com a babá, como sempre, quando ela entrou no aposento. Após pedir que a moça a deixasse a sós com a filha, Évora achegou-se à menina e a abraçou forte e desesperadamente na esperança de que o abraço a protegesse do espírito que parecia viver em sua companhia.

— Filha — disse a mãe, fazendo com que a menina prestasse muita atenção a ela. — Mamãe não quer mais que você converse com Bella, ouviu?

Seria a menina, naquela idade capaz de atender a um pedido como aquele?, perguntou-se.

— Você pode fazer isso pela mamãe, querida? — tornou Évora, esperançosa de que a menina a compreendesse.

Ao comentar a descoberta com Wagner, suas palavras foram diretas:

— Essa sua suposição é ridícula, Évora! O fato de Verônica na infância ter sido chamada pelos pais de Bella e a amiguinha invisível de nossa filha ter o mesmo nome não passa de uma tremenda coincidência. Por favor, não comente isso com mais ninguém, senão vão achar que você está ficando maluca. Eu sempre a achei uma mulher inteligente, só as pessoas de mente pequena, para não dizer, retardadas, acreditam que o espírito de uma pessoa morta possa se tornar o amigo invisível de uma criança para poder assombrar uma casa, vingar-se daqueles de que não gostava enquanto vivo. Ridículo!

— Wagner muita gente já relatou fenômenos desse tipo.

— Quem, se não retardados?

— Você se lembra daquele dia em que andávamos no centro da cidade e de repente, Cristina soltou de nossas mãos e correu para dentro de um hotel? Pois bem, ela correu atrás de Bella, agora me responda: por que Bella haveria de correr para dentro daquele hotel? Eu explico: porque aquele era o hotel onde Verônica ficou morando nos seus dois últimos anos de vida. Sei disso porque estive lá, fazendo-lhe uma visita.

— Você nunca me contou isso.

— Não importa, agora. O que importa é que esse fato serve para nos mostrar mais uma vez a conexão entre Bella e o espírito de Verônica.

— Ainda continuo achando tudo isso uma tremenda coincidência.

— Teve também os vasos e taças de cristal que misteriosamente se partiram. Sem contar o grande espelho da sala. Quem senão um espírito mal-intencionado para provocar esses fenômenos? É ela, Wagner, é Verônica quem está causando todos esses transtornos em nossa casa.

— Não me decepcione, Évora, por favor. Não quero mais falar neste assunto, combinado?

— É ela também quem...

Évora não conseguiu completar a frase. Seu estado de nervos assustou o marido. Com grande dificuldade, ela completou o que ia dizer:

— Foi ela também quem matou o nosso filho.

Aquilo foi demais para Wagner Cálio. Subitamente, agarrou-a pelos braços e chacoalhando-a disse com todas as letras, aos berros:

— Verônica está morta, Évora. Morta! Entenda isso de uma vez por todas. E os mortos nada podem fazer contra os vivos. Nada!

Ele largou a esposa e deixou o aposento pisando duro, cuspindo pelas ventas. Évora permaneceu ali, chorando, desesperada, abraçando a si mesma, na esperança de lhe dar algum consolo.

Naquela noite, mais calmo, Wagner pediu desculpas à esposa pelo acontecido.

No dia seguinte, no entanto, foi Évora quem teve a mesma reação que o marido ao encontrar a filha, conversando com Bella. Subitamente, perdeu o controle de si mesma, agarrou os bracinhos da menina e chacoalhando-a gritou:

— Eu já falei para você parar de conversar com Bella! Está me ouvindo, Cristina? Ouvindo?!

O rompante assustou tanto a menina quanto a babá. Assim que a pequenina derramou-se em pranto, a moça achegou-se à patroa e disse, trêmula:

— Calma, minha senhora. Assim a senhora vai assustar a menina.

Évora, descabelada, voltou-se para a moça e soltou o verbo:

— Não quero mais minha filha conversando com Bella, compreendeu? Se você a perceber falando com ela, repreenda-a no mesmo instante.

— Mas senhora, trata-se apenas de uma amiguinha invisível...

— Não importa. Não quero mais minha filha de tête-a-tête com essa...

Évora não conseguiu completar a frase, chorou. De repente, a babá não sabia a quem acudir, se à patroa ou à menina. Por fim, acabou escolhendo a pequenina, aconchegando em seus braços, disse, baixinho ao seu ouvido.

— Calma, meu bem. Mamãe só está nervosa, só isso.

A menina continuou chorando por minutos.

Dias depois a cena entre mãe e filha se repetia. Diante da discussão, Wagner foi até o cômodo para ver o que estava acontecendo. Ao encontrar a filha chorando, desesperada, pegou a menina no colo e tentou consolá-la. Depois, conversou seriamente com a esposa:

— Você precisa tomar um tranquilizante, Évora. Desse jeito vai enlouquecer.

— Já estou enlouquecendo, Wagner!

E entre lágrimas, completou:

— Estou com medo, muito medo. Tenho receio de que Verônica faça alguma coisa de mau contra a nossa menina.

O marido envolveu a esposa em seus braços e num tom bem calmo, brincou:

— Já lhe disse, certa vez, que se algum fantasma vier assombrá-la, ponho ele para correr...

⚜

Nos dias que se seguiram as apreensões de Évora durante o dia e a noite tomaram proporções exageradas. Um sentimento forte de desespero e perda se assomou a ela. Havia medo, havia mais do que medo, havia pavor. Pânico na verdade.

Chegou a ter medo de ficar sozinha no quarto tomando banho e depois se arrumando. Pensou em pedir a uma criada que ficasse com ela, mas temeu que a caçoassem pelas costas, ao descobrirem que estava com medo de assombrações.

Cada ruído que ouvia pela casa causava-lhe um susto desesperador. Como se não bastasse isso, havia a nítida sensação de que havia alguém mais na casa, alguém invisível, fiscalizando seus passos, de olhos atentos aos seus movimentos. Ela sabia que era algo do mal, pois servira-se dele para perturbar Verônica no passado. A sensação era horrível, sinistra e pavorosa, algo que jamais pensou em enfrentar na vida.

Ela, suando frio, girava o pescoço ao redor e dizia, entre lágrimas, num tom desesperador:

— Deixe-nos em paz, Verônica, por favor.

O silêncio como resposta a sua súplica a apavorava ainda mais.

— Nós já pagamos pelo que lhe fizemos, você matou nosso filho, agora deixe-nos em paz, por favor. Especialmente minha filha. Eu lhe imploro.

A súplica terminava sempre em meio a um choro agonizante e deprimente.

Infelizmente, o pedido desesperado parecia cair em ouvidos surdos, pois volta e meia ela pegava a filha ainda conversando animadamente com Bella, sua amiguinha invisível. Évora já não tinha mais forças para repreender a menina por não ter se afastado da entidade.

Todo esse caos emocional foi deixando-a com profundas olheiras, pálida e trêmula. Os pesadelos, à noite, tornaram-se constantes, a insônia também.

Wagner tentava acalmar a esposa, mas sem sucesso. Seu estado começou a preocupá-lo.

⚜

Desesperada para dar um fim àquele martírio e apreensão, Évora foi conversar com a babá a respeito do que ela havia lhe dito tempos atrás.

— Estou desconfiada de que você estava certa quando supôs que os estranhos fenômenos que vêm ocorrendo aqui em casa estão sendo provocados por um espírito mal-intencionado. Você chegou a me sugerir que procurasse a ajuda de uma exorcista, não foi? Pois bem, quero que me leve até ela.

— Ela não se chama de exorcista, senhora. Nem de cigana. Diz ser uma enviada dos anjos para proteger as almas dos tormentos do demônio.

— Ela é séria, digo, é de confiança?

— Ponho as minhas mãos no fogo por ela, minha senhora. Se não fosse ela, teria perdido o meu marido. Minha mãe também confia muito nela. O local é visitado por muitas pessoas, além do mais, fazem muitas orações e ajudam muitas casas carentes.

— Está bem, leve-me até lá, o quanto antes.

— Levo, sim, quando a senhora quiser.

⚜

As duas mulheres seguiram para o local naquela mesma tarde. A senhora indicada era uma mulher de cabelos castanho-ruivos, visivelmente oleosos, derramados para trás num penteado diferente. Usava unhas muito longas, com um esmalte vermelho, quase bordô. Seu tom de voz era confortador.

Évora não precisou explicar detalhadamente o que a levava até lá, a mulher já sabia o que se passava com ela porque a babá já a havia posto a par da situação dias antes.

— É realmente o espírito da primeira esposa de seu marido que está assombrando aquela casa. — confirmou a senhora.

A confirmação deixou Évora ainda mais arrepiada. Olhando atentamente para a moça, a mulher continuou:

— É o espírito dessa mulher o responsável por tudo de ruim que vem acontecendo na vida de vocês nos últimos meses. Inclusive pela morte do seu filho.

— Eu já suspeitava. E a senhora pode fazer alguma coisa para que ela deixe de nos assombrar?

— Posso.

Évora pareceu mais aliviada.

— Teremos de fazer algumas sessões, ou melhor, orações na sua casa até que o espírito parta de lá.

— Mas meu marido não vai aprovar isso jamais. Ele nem sequer sabe que estou aqui.

— É de extrema importância que a senhora recorra a nossa ajuda para exorcizar o fantasma que assombra o lugar, antes que ele cause ainda maiores danos para a sua família.

— Eu não sei...

— Podemos ir até lá em uma hora que seu marido esteja fora da casa, assim ele nada descobrirá.

— Está bem. Assim faremos. Quanto vai custar?

— Nós não cobramos nada, mas se a senhora puder colaborar financeiramente com as casas de caridade, que sustentamos, será uma maravilha.

— Colaboro, sim.

A seguir a mulher relatou a Évora a importância do dízimo na vida das pessoas. Que sua importância era a mesma que auxiliar financeiramente casas de caridade. Évora decidiu ajudar todas elas.

As sessões de exorcismo começaram na tarde do dia seguinte, Évora não queria esperar mais um dia sequer para se ver livre do fantasma de Verônica Linhares.

Assim que a senhora entrou na casa acompanhada do marido, um homem esquálido e esquelético de rosto simpático, ela estremeceu. Se não fosse o marido, teria ido ao chão.

— A energia aqui está péssima. — comentou assim que se recuperou. — A força desse espírito obsessor é mais forte do que eu supunha.

Seu tom deixou Évora bastante preocupada.

— Vamos manter a calma.

A seguir, a mulher começou a distribuir sobre a mesa da sala os cacarecos que havia levado. Pedras coloridas, conchas, pétalas de flores, espinhos, velas vermelhas e azuis que foram acesas em seguida para dar início ao exorcismo.

Évora assistia a tudo, confiante. Ainda que temesse que o marido chegasse a casa e ficasse bravo por ver aquilo, estava decidida a levar adiante o processo, por crer piamente ser o único caminho para a solução dos problemas que afligiam todos ali.

Semanas depois, o inesperado aconteceu. Wagner Cálio voltou para casa fora do seu horário habitual e por isso pôde presenciar mais uma sessão de exorcismo que se desenrolava na casa.

Assim que restaram somente ele e Évora no aposento, o marido perguntou-lhe:

— Você quer me explicar, agora, Évora, o que estava acontecendo há pouco aqui em casa?

Ela engoliu em seco.

— Vamos, Évora, estou esperando, diga.

Ao término da explicação da esposa, Wagner começou a rir.

— Não ria, Wagner, é sério.

— É hilário, isso sim. Só você mesma para chamar uma exorcista para vir afugentar fantasmas dessa casa.

— Trata-se apenas de um fantasma, Wagner. O fantasma de Verônica Linhares!

— Ui!!!! Estou morrendo de medo.

— Não brinque com essas coisas, Wagner, por favor.

— Quanto essa "cigana" está cobrando de você, ou melhor, de nós para fazer esse "trabalho"?

— Primeiro de tudo, não é uma cigana. É uma mulher muito séria envolvida com trabalhos espirituais.

— Seja o que for, quanto ela está cobrando?

Wagner soltou um assovio longo e agudo ao saber da quantia.

— Se ela fosse boa mesmo não cobraria por esse tipo de serviço, Évora. Para mim ela não passa de uma charlatã.

— O dinheiro não é para ela, Wagner. É para ajudar casas de caridade.

— Sei não... Ainda continuo achando que essa mulher é uma pilantra. Boi preto conhece boi preto, você sabe.

— Para mim ela é muito séria, Wagner. Já ajudou outras pessoas e acredito que vai nos ajudar a ficar livres dos tormentos que vêm tirando a nossa paz aqui dentro desta casa.

— Está bem, Évora, se é assim que você quer, está bem. Não temos nada a perder, ou melhor, temos sim, a quantia que você está dando para essas casas de caridade é muita, na minha opinião.

— Pelo menos é para caridade.

Ele riu novamente, coçou a nuca e tornou a rir, inconformado. Então, com a cabeça erguida, os lábios formando um meio sorriso em seu rosto austero e lindo, ele assegurou:

— Pode ficar tranquila, meu amor, se o fantasma de Verônica Linhares aparecer por aqui eu lhe arranco os olhos!

— Não brinque com essas coisas, Wagner.

— Não estou brincando, Évora. Comigo ninguém pode, meu amor. Muito menos um fantasma.

❧🙠🙢☙

Naquele dia, assim que a "exorcista" voltou para casa na companhia do marido, comentou:

— O marido da mulher não gostou nem um pouco de nos ver na casa.

— Eu percebi. Só espero que ele não interrompa as nossas sessões por lá. Não enquanto não tirarmos mais dinheiro daquela gente.

— Essa gente caiu do céu. Enquanto acreditarem em fantasmas, vamos arrancar deles até o couro.

— Ela acredita piamente em você, o que significa que vai ficar dependente da sua pessoa por um bom tempo.

— Tempo suficiente de nós engordarmos a nossa conta no banco. Incrível, como é fácil fazer as pessoas acreditarem que o dinheiro que arrecadamos é para instituições de caridade, não? Se eu soubesse disso antes, teríamos entrado no negócio há muito mais tempo. Essa Évora caiu realmente do céu. Que maravilha! Logo começará a falar de nós para seus amigos ricos e eles vão começar a nos procurar e rechear ainda mais a nossa conta no banco.

— Que bom que a moça que trabalha como babá me contou toda a sua história. Assim ficou mais fácil convencê-la de que tudo que eu dizia, dizia por ter verdadeiramente poderes sobrenaturais.

— Eu estava pensando em usar esse dinheiro que estamos ganhando dessa granfininha para comprar uma casa em Santos, o que acha?

— Mas não ao pé de um morro, não é?

— Lógico que não, meu amor. Uma casa de frente para a praia... Bem de frente para o mar.

As sessões continuaram na casa de Évora sem que ela desconfiasse em momento algum da integridade do caráter do casal que se passava por exorcistas para arrancarem dinheiro dos tolos e desesperados.

❧❧❧

Semanas depois Wagner chegava novamente a casa bem na hora de mais uma sessão de exorcismo.

— Isso ainda não acabou? Pensei que já tinha terminado faz tempo. — ralhou com a esposa.

— Não, Wagner. O espírito de Verônica é muito forte, por isso a senhora ainda não conseguiu exorcizá-lo daqui.

Dessa vez, Wagner Cálio decidiu prestar atenção ao processo. Não levou mais do que alguns minutos para se convencer de que tudo que se passava ali era uma farsa. Contou até dez para não perder a paciência com todos, mas não conseguiu, estourou.

Caminhou até a mesa onde estavam esparramados uma porção de cacarecos, encarou a mulher que disfarçadamente o observava pelo canto dos olhos e disse com todas as letras:

— Que palhaçada, hein? Uma senhora da sua idade se prestando a esse papel ridículo.

— Wagner! — interveio Évora, aflita.

— Chega! — respondeu, num tom elevado. — Chega de palhaçada.

Então, subitamente, ele apagou todas as velas, derrubou todas com uma pancada com o braço, catou todos os galhos de arruda e alecrim, juntou tudo e jogou no jardim pela janela da sala.

— Quanto a vocês dois. — disse mirando fundo nos olhos da exorcista e do marido dela. — Se eu vir a fuça de vocês nesta casa mais uma vez, eu os denuncio à polícia. Agora, fora daqui! Charlatãs, fajutos, pilantras! Fora!

— O senhor vai se arrepender muito por estar nos tratando assim, senhor Cálio. — ameaçou a mulher, fingindo-se de pobre coitada.

— Já me arrependi de não ter feito isso antes. Bem antes. Agora, fora daqui!

Assim que o casal partiu, Évora correu até o marido e desabafou:

— Você não deveria ter feito uma coisa dessas, Wagner. Essa gente tem poderes ocultos, podem muito bem evocar espíritos ainda piores que o de Verônica para nos assombrar.

— Chega, Évora! Não suporto mais você com essa maluquice. Acreditando numa besteira dessas... É você com essa mente perturbada quem está tirando a paz de espírito desta casa, não uma alma penada.

O choro de Évora foi inevitável. Com pena da esposa, ele aproximou-se dela e disse:

— Desculpe-me. Só estou querendo ajudá-la a se libertar dessa superstição absurda.

Os olhos dela transpareciam agora ainda mais temor do que antes.

Semanas haviam se passado desde então. Todavia, Évora, por mais que tentasse não conseguia se sentir bem na casa. Quando via a filha conversando com a amiga invisível, perdia a paciência e exigia mais uma vez que parasse de conversar com Bella.

— Eu já disse, Cristina, que não quero mais vê-la conversando com Bella. Nunca mais! Bella é má, ouviu? Muito má.

A menina, como sempre acontecia quando a mãe chamava a sua atenção a respeito de Bella, chorava sentida e passava a repudiar seus gestos carinhosos e sua companhia.

Évora estava realmente totalmente desequilibrada emocionalmente. Foi preciso dobrar a dose de tranquilizantes que vinha tomando nos últimos tempos para tentar se conter.

Certa tarde, enquanto a babá foi ao banheiro, Cristina deixou o quarto onde ela lhe pedira para ficar porque Bella a chamava. A menina foi seguindo a amiguinha invisível até a escada que ligava os dois pavimentos da casa. Ela nunca havia descido sozinha, mas queria muito se arriscar. Achou que aquele seria o melhor momento.

Évora estava próxima à escadaria, ajeitando umas flores no vaso, não sabia que a filha a estava espiando do alto da escada enquanto ia descendo muito cuidadosamente os degraus. Era para a menina uma nova conquista de que sentia orgulho. Mas também algo assustador.

Pensando ter escutado um miado estridente e irritante de gato perto de uma das janelas do aposento, Évora virou-se para trás como um relâmpago, tomada de aflição. Ao avistar a filha, descendo a escada sozinha, gritou, histérica:

— Cristina, não!

O grito assustou a menina e o resultado foi uma queda pela escada abaixo.

Évora, aos prantos, correu até a criança estirada ao chão. Queria abraçá-la, chacoalhá-la para saber se estava viva, mas se conteve ao lembrar que isso poderia danificar ainda mais um osso quebrado. Nisso a babá apareceu no alto da escada e ao ver a menina esparramada no chão, gritou. Desceu correndo, derramando-se em desculpas:

— Pedi a ela que esperasse só um minutinho por mim, no quarto até que eu usasse o banheiro. Achei que faria, afinal nunca me desobedeceu antes.

— O médico, ligue para o médico. — implorou aflita a mãe.

Uma hora depois, a pequena Cristina estava internada no hospital sob cuidados médicos.

Eram oito e meia da noite quando o médico que estava cuidando da menina voltou à sala de espera e encontrou os pais não se contendo de ansiedade para obter informações sobre o estado de saúde da filha.

— E então, doutor? — perguntou Évora, aflita.

A amargura que o homem vislumbrou nos belos olhos da mulher a sua frente e que lhe distorcia a beleza, partiu-lhe o coração. Ele tentou, mas não conseguiu impedir que algumas lágrimas rolassem por sua face. Quando conseguiu falar, sua voz tinha um leve tremor:

— A menina... infelizmente...

Wagner saltou sobre o médico, pegou-o pelo colarinho e falou:

— O que você fez com a minha filha?!

— Meu senhor, acalme-se. O momento é desesperador, compreendo, mas...

Wagner soltou o homem, virou-se contra a parede e bateu por diversas vezes com o punho fechado sobre ela.

— Eu não aceito uma coisa dessas... não aceito! — repetia ele com uma voz entrevada de dor e revolta.

Então, lançou-se sobre a esposa, abrigando-se em seus braços e lamentou:

— Nossa filha, Évora... Nossa filha...

— O que se há de fazer, Wagner? — respondeu, arrasada. — Perdemos nossa menina.

Consternado, o médico tentou confortar o casal, mas assim que abriu a boca, Wagner atirou-lhe palavras nada sutis, de revolta e indignação.

— A culpa é sua e desse hospital imundo!

Numa voz pausada o médico tentou se defender, mas logo calou-se ao perceber que sua defesa seria inútil.

Enquanto Wagner Cálio tinha uma nova forte crise de choro, Évora deixou seu corpo se sentar numa cadeira, enquanto seus olhos se vertiam para o nada. Parecia em transe.

— Nossa pequena agora está com Deus. — disse ela com voz sumida.

— Ela deveria estar aqui conosco! — respondeu ele tomado de revolta e indignação.

— Eu sei, Wagner, mas a vida quis assim.

O campo visual de Évora foi ocupado a seguir pela imagem da filha amada, conversando com a amiguinha invisível. E depois, as respostas que a menina deu as suas perguntas:

"Não é amiguinho, mamãe... É amiguinha." "Ela diz que seu nome é "Bella"."Sim, mamãe, Bella é seu apelido.". "Ela não é criança, mamãe. Ela é grande assim como a senhora."

Não lhe restava mais nenhuma dúvida. "Foi ela...", comentou Évora consigo mesma, em silêncio, "foi Verônica quem conduziu Cristina até a escada e a incentivou descer sozinha, só pode... Não fora suficiente para Verônica matar apenas o filho, era preciso matar também a filha para que sua vingança contra ela e Wagner estivesse completa."

Sem mais se ater aos seus pensamentos, ela encaminhou o marido, tomado pelo pranto e o desespero para fora do hospital.

O enterro de Cristina Cálio aconteceu no dia seguinte, às quatro horas da tarde. Foi acompanhado somente pelos empregados da casa, alguns de seus familiares e a mãe, o irmão e a cunhada de Wagner. Foi o dia mais triste da vida de Wagner Cálio e Évora Soares.

❧❧

Nas semanas que se seguiram, o casal tentou voltar à normalidade, mas parecia haver um oceano, separando os dois de tal realidade. Os almoços e os jantares eram feitos em profundo silêncio. Pouco se comia, pouco se bebia, nem mesmo as sobremesas tão apreciadas por ambos eram provadas.

Diante da tristeza que esmagava seus corações, Wagner, um dia, disse:

— Nós não podemos continuar assim, Évora. Nós temos de lutar. Lutar contra essa tristeza. Se continuarmos assim...

Diante da imobilidade da esposa, ele aproximou-se dela e disse:

— Vem cá, meu amor.

Ainda que relutante, ela se achegou a ele, encostando o seu rosto contra o seu peito.

— Psiu! — chamou ele, querendo fazê-la olhar para ele. — Olhe para mim, meu amor, vamos.

Quando ela atendeu seu pedido, ele a beijou. Mas sua barba mal feita ao tocar seu rosto fez com que a esposa recuasse a face e se soltasse de seus braços.

— O quer foi?!

— Sua barba cerrada feriu-me a face.

— Você nunca reclamou dela antes.

— Porque ela nunca existiu, Wagner. Você nunca deixou de fazer a barba antes.

— Desculpe-me. Ando mesmo muito desleixado com a minha aparência ultimamente. Prometo que vou me cuidar melhor daqui por diante. É que... depois de tudo que nos aconteceu...

Só lhe peço uma coisa, Évora. Que você não se distancie de mim como vem fazendo nas últimas semanas. Sim, você está se distanciando de mim, Évora. Eu sinto. Não permita que isso aconteça, pois precisamos um do outro agora mais do que nunca, por favor.

Ela baixou a cabeça, permanecendo imóvel, olhando fixamente para frente. Seu rosto estava totalmente impassível. Não apresentava qualquer indício do que se passava em sua mente. O silêncio pairou entre ambos por quase cinco minutos. Então, sutilmente, ela voltou seu rosto para ele, o rosto delicado e sensível, mortalmente pálido, com um brilho estranho, iluminando o fundo dos seus olhos e ficou a fitá-lo, misteriosa. Diante de seu olhar perscrutador, Wagner Cálio, perguntou:

— O que foi, Évora? Por que me olha assim?

Demorou alguns segundos para que ela respondesse:

— Foi pela casa, não foi, Wagner?

— Casa, que casa? Do que você está falando?

— Falo desta casa, nessa avenida maravilhosa... Deus meu como não percebi isso antes?...

— Évora...

— Foi por causa da casa, da vida luxuosa que Verônica levava, por seu status social que você fez tudo o que fez. Tudo isso o deslumbrou. Aposto até que deve ter se imaginado vivendo aqui, no meio de todo esse luxo, não foi? Posso ver pelo seu olhar que sim.

— Évora, por favor, não complique ainda mais as coisas para nós.

Ela continuou sem dar ouvidos ao marido. Num tom afiado concluiu seu raciocínio:

— Então, para se sentir menos culpado pelo que pretendia fazer, você arranjou três bons motivos para acobertar seus sonhos de grandeza. Fez-me acreditar e a si próprio, que daria o golpe em Verônica por ela ter me traído, roubando você de mim, por ser mimada, uma filhinha de papai sem consideração pelos outros, segundo para honrar meu nome e terceiro para ajudar sua família.

— Évora...

— Como não percebi isso antes? Não foi Verônica quem deu em cima de você, foi você quem se insinuou para ela.

As pálpebras dele baixaram-se e lágrimas escorreram pelo seu rosto.

— Por isso seu pai... — ela não conseguiu completar a frase. Disse apenas: — Agora tudo faz sentido.

— Você está enganada, Évora. Muito enganada. Fiz o que fiz com Verônica pelos motivos que apresentei a você. Eu jamais mentiria para a sua pessoa.

— Mentira!

— Juro por Deus, meu amor.

— Não jure em falso que é pecado.

— Évora, por favor.

Sem mais dizer uma só palavra, ela subiu a escadaria, aflita, e seguiu em direção ao seu quarto. Lá se fechou e sentou-se na cama enquanto o pranto desesperador vinha para fora com tudo.

Wagner permaneceu no mesmo local, na mesma posição, naquela sala luxuosa, olhando para o seu reflexo no espelho, rememorando as palavras que a mulher amada havia lhe dito há pouco de forma tão tortuosa. Pensou em ir atrás dela, mas achou melhor deixá-la só na esperança de que pudesse pôr sua cabeça no lugar. Daquela noite em diante o casal passou a dormir em quartos separados.

Dias depois, por volta das quatro horas da tarde, Wagner estava na sala, bebendo vinho para aliviar a tensão, como fazia desde a perda da filha, quando avistou a esposa, descendo a escadaria segurando uma mala em cada mão. Assustado, imediatamente foi até ao pé da escada e perguntou:

— De quem são essas malas, Évora?

Sua fisionomia preparou-o para o que ela ia dizer:

— São minhas.

— Para quê?

Ela não conseguiu responder.

— Onde você pensa que vai?

— Embora, Wagner.

A resposta dela foi tão rápida e precisa que assustou o homem.

— Embora?!

— Sim.

— Por quê?! Para onde?!

— Para um lugar onde eu possa ter um pouco de paz. Juntar, quem sabe, o que restou de mim. Os pedaços do meu coração, da minha alma...

— Não faça isso, Évora.

— Vou morar com minha irmã no Ceará até me ajeitar por lá. Quanto mais longe eu ficar de São Paulo, melhor. Quem sabe assim esqueço, se é que possível, tudo que me aconteceu.

A última palavra foi cortada ao meio pelo pranto. Os olhos dele, também romperam-se em lágrimas.

— E os nossos planos, Évora? Os nossos sonhos?...

— Que planos, Wagner? Que sonhos...?

— Os que fizemos com tanto amor.

— Acabou tudo, Wagner. Será que você ainda não se deu conta disso?

— Não, Évora, não acabou, não. Está tudo aqui, veja.

Ele moveu-se pela sala, passando a mão pelos móveis, paredes, enfeites e cortinas.

— Continua tudo aqui, Évora.

Ela terminou de desceu os últimos degraus, pôs as malas no chão, prendeu os cabelos atrás das orelhas e disse, lacrimosa:

— Tudo não passou de um delírio nosso, Wagner. Um delírio que matou nosso filho e nossa filha. Destruiu a nossa vida.

— Nós ainda podemos ter filhos, Évora. Quantos mais quisermos.

— Não... É tarde demais. Não dá para substituir as pessoas assim como se substitui um vaso que se quebra.

A luz desapareceu do rosto de Wagner Cálio. Seus lábios se fecharam. A súplica desesperada se desvaneceu, deixando apenas uma máscara: gélida e imóvel.

— Não faça isso comigo, Évora, por favor. Eu a amo. Você é a mulher da minha vida. Tudo que fiz foi por você, pensando em você. Eu vivo por você.

Ela respondeu pressurosamente:

— Maldito o dia em que vim a esta casa pedir um emprego para você. Maldito, maldito, maldito... Eu não deveria ter nunca feito isso. Ah, se arrependimento matasse.

— Não se culpe por isso, meu amor. Você fez o que achou ser o melhor para nós na época, só isso.

O silêncio caiu pesadamente sobre o aposento. Então, ela apanhou as duas malas, cada uma com uma mão e despediu-se:

— Adeus, Wagner.

Dirigia-se para a porta da frente da casa, quando ele, chegando ao negro abismo do ódio, explodiu:

— Se quer ir, então vá, Évora! Suma daqui! Mas você vai se arrepender amargamente de ter abandonado tudo isso. Ouviu? Vai se arrepender amargamente de ter me abandonado!

Ela parou quando ia atravessar a porta, olhou por cima do ombro para ele, o homem que tanto amou, jovem, atlético e lindo correndo pela praia. Seus lábios moveram-se, mas nenhuma palavra mais conseguiu atravessá-los. Respirou fundo e finalmente partiu.

Ao vê-la atravessando a porta, o rosto de Wagner se tornou a imagem pérfida da tristeza.

— Évora! — berrou.

Mas ela continuou andando.

— Évora! — tornou ele, impondo ainda mais força à voz.

Mas a moça não voltou atrás.

— Évora! — repetiu, num grito agudo e desesperador.

Correu então até a porta, atravessou-a como um raio e ao chegar ao jardim tornou a gritar:

— Évora!!!

Ela já estava se preparando para entrar no táxi, voltou o olhar entristecido para ele, congelou-se nessa posição por alguns segundos, depois observou a fachada da casa, tornou a olhá-lo e decidida entrou finalmente no veículo.

— Não, Évora! — suplicou Wagner, entre lágrimas. — Volte, meu amor. Volte, por favor.

Ele permaneceu ali, com olhos lacrimejantes, o rosto vermelho e entristecido pelo desespero acompanhando o automóvel que seguia pela Avenida Paulista.

Então fechou o punho e bateu com toda força na amurada que cercava parte da sua casa. O ódio havia reassumido o poder sobre a sua pessoa. Quando chegou à sala, desabafou, irritado:

— Pode ir, sua ingrata. Pode ir que eu sobrevivo. Sou rico, tenho esse palacete para morar, amigos na alta sociedade, você não me fará falta nem um pouco. Pode ir, vá mesmo, suma! Como meu avô dizia: "Quem nasceu para um tostão jamais chegará a mil réis!".

Ali, em pé, Wagner Cálio caiu em profunda meditação. Várias imagens cruzaram desordenadamente o seu espírito. Lembranças se confundindo umas as outras, lembranças boas e más... Ele vendo Évora na praia pela primeira vez, linda, viva, um sonho... Ele se descobrindo apaixonado por ela, querendo declarar-lhe todo o seu amor. Ele fazendo amor com ela pela primeira vez, descobrindo um sentido maior da vida ao seu lado. Depois, os dois planejando o futuro, dividindo sonhos, desejos... Então, o nascimento da filha e o choque com sua morte. A alegria de saber que estava grávida pela segunda vez, que era um menino e o baque ao saber que a criança morrera subitamente uma hora após o seu nascimento. E agora, ela partindo da casa, sem ter consideração alguma pela sua pessoa.

Num acesso de loucura, Wagner apanhou um vaso lindo de cristal que estava sobre a mesa e o arremessou contra a parede.

— Pode ir, sua ingrata! — tornou, enfurecido. — Pode ir que eu sobrevivo!

Sua onipotência durou pouco, logo estava se sentindo novamente um homem derrotado, amargurado e infeliz. Sentou-se ao pé da escada, escondeu o rosto entre as mãos e começou a chorar como uma criancinha triste e desamparada no meio de uma noite solitária.

A criada que diante da discussão do casal havia se retirado do cômodo para evitar constrangimento, ao voltar para sala, assustou-se ao encontrar o patrão ali, naquele estado deplorável. Com pena, perguntou:

— Meu senhor, posso ajudá-lo em alguma coisa?

Secando o pranto, ele respondeu em tom cortante:

— Pode. Deixa-me em paz.

A criada, gentilmente, pediu-lhe desculpas e se retirou.

Wagner então avistou sua imagem dilacerada pelo ódio, pela revolta, pela dor e pela tristeza refletida no grande espelho da sala e se assustou com o que viu. Sua figura se tornara, o avesso da alegria e da vitalidade que sempre fora seu perfil ao longo da vida.

Enquanto isso, no táxi, Évora seguia prestando atenção à paisagem por onde o carro passava. Chorava calada, por dentro e por fora. A culpa ainda açoitava sua alma, tanto quanto a saudade da filha, do filho e de Wagner, o homem que um dia amou até mesmo mais do que a si própria.

Voltou a lembrança o que havia sido dito há pouco entre eles:

— *E os nossos planos, Évora? Os nossos sonhos?...*

— *Que planos, Wagner? Que sonhos...?*

— *Os que fizemos com tanto amor.*

— *Acabou tudo, Wagner. Será que você ainda não se deu conta disso?... Tudo não passou de um delírio nosso. Um delírio que matou nosso filho e nossa filha. Destruiu a nossa vida.*

— *Nós ainda podemos ter filhos, Évora. Quantos mais quisermos.*

— *Não... É tarde demais. Não dá para substituir as pessoas assim como se substitui um vaso quebrado. Maldito o dia em que vim a esta casa pedir um emprego para você. Maldito, maldito, maldito... Eu não deveria ter nunca feito isso. Ah, se arrependimento matasse.*

E ela tornou a repetir para si mesma, baixinho:

— Maldito o dia... Maldito...

❧

Nas semanas que seguiram Wagner Cálio tentou se esconder da dor e da saudade da esposa, entregando-se a uma vida promíscua regada de muita bebida. Todavia nada parecia afugentar seu desespero e solidão. Na maior parte do dia ele ficava a sós com seus pensamentos, tentando encontrar um novo rumo para sua vida, mas acabava sempre no mesmo lugar, um local triste e solitário no qual se encontrava agora.

Numa noite, quando restou somente ele na casa, era folga dos empregados, a solidão veio ao seu encontro de forma cruel e assustadora.

Ele tentou fugir dela se afogando na bebida, mas não conseguiu. Ela estava ali, presente como uma entidade, perturbando sua alma sem cessar, sem ter qualquer chance de ser exorcizada.

Ele então avistou Verônica Linhares na sua mente. Ela olhava-o com olhos cheios de paixão e afeto. Era o semblante de uma mulher profundamente apaixonada. A voz de Évora, então, atravessou a imagem:

"Nós não deveríamos nunca ter feito o que fizemos. Maldito o dia em que fui pedir a Verônica um emprego para você nesta casa."

Wagner levantou-se, firmou-se sobre as suas pernas, olhou ao redor, arremessou longe o copo de uísque e falou:

— Era isso, não é?

Sua voz estava impregnada de ódio e revolta.

— Era isso que você queria, não é mesmo, Verônica? Ver-me nesta casa, sozinho e infeliz! Sem Évora, a mulher que realmente amei, sem minha filha, que eu tanto amava, sem meu filho que nem tive a chance de ver seus olhos abertos, sem minha família que era tudo para mim. É isso, não é? Vamos, sua cretina, responda-me!

Ele engoliu em seco antes de completar:

— Está satisfeita, agora?

Ele fazia a pergunta girando o pescoço e repetindo-a cada vez mais alto!

— Está satisfeita, hein?!

Ele começou a andar pela sala chamando pela primeira esposa, com as mãos.

— Vem! Vem cá, Verônica, vem! Eu quero ver a sua fuça! Você não quis destruir minha vida? Agora, vem me enfrentar. Quero ver seus olhos, sua besta, cretina. Apareça para mim! Apareça, vamos!

Quando o eco do seu grito final cessou, o silêncio caiu sobre a sala novamente de forma triste e desesperadora.

— Eu não suporto esse silêncio, Verônica. Não suporto. — grunhiu Wagner, apertando as mãos contra os ouvidos.

Descontrolado, começou a quebrar tudo que havia no aposento. Os caríssimos vasos de cristal, bibelôs, quadros de pintores famosos, os litros de uísque, vinho, licor, as taças e os lustres espetaculares de pingentes de cristal, os abajures, tudo, enfim, que via pela frente com uma fúria assassina. Com uma faca rasgou os sofás, poltronas, almofadas e pufes. Foi uma zonzeira que o fez parar, tonto, foi ao chão. Levou alguns segundos para que recuperasse os sentidos. Então, olhando para a escadaria, lembrou-se do dia em que a filha rolou por ali. O choro foi inevitável. Esticando a mão direita em direção à escada, ele falou, entre lágrimas:

— Minha filha... Não... Não...

A fúria então retomou o domínio sobre a sua pessoa:

— Você me fez infeliz, Verônica Linhares, mas eu também a fiz muito infeliz. Se você está realmente viva no reino dos mortos, um dia eu também estarei aí e, então, vou acertar as contas com você, sua desgraçada. Pode estar certa disso!

Wagner Cálio acabou adormecendo ali mesmo, estirado no chão em meio aos estilhaços de tudo que quebrou no seu acesso de loucura.

O sol já cobria a cidade de São Paulo há praticamente quatro horas quando ele despertou. A cidade estava silenciosa por causa do feriado prolongado. Wagner tentou mover-se, mas tudo doía, seu corpo inteiro parecia ter se estilhaçado como tudo mais a sua volta.

Ouviu então um toque na porta. Um toque de leve. Lembrando que não havia trancado a porta a chaves, gritou:

— Está aberta, entre.

A porta se abriu devagarinho e o visitante entrou.

Passaram-se alguns minutos até que Wagner, ainda estirado ao chão olhasse para a visita. Quando viu, seu semblante mudou, havia surpresa e vergonha ao mesmo tempo transparecendo nela. Com muita dificuldade, ele falou:

— Papai.

Era ele mesmo, o pai que tanto amava, que não via há tempos, com quem nunca mais conseguiu se entender depois de tudo que ele planejou fazer para ficar com a metade da fortuna de Verônica Linhares.

— Olá, Wagner — disse o pai, calmamente.

Wagner baixou os olhos e começou a chorar.

— Olha só o que restou de mim, pai. Estou um caco. Sou uma vergonha... um fracasso... um infeliz...

O pai estendeu a mão para o filho e disse, ternamente:

— Levante-se, Wagner.

Wagner, ainda chorando pesadamente, respondeu:

— Deixe-me aqui, papai.

— Vamos, Wagner, levante-se. Pegue a minha mão.

Só então o filho conseguiu encarar o homem, novamente.

— Por que, papai? Por que tudo que planejei deu errado?

A resposta do pai foi imediata:

— Por que não adianta, filho, querer pular as etapas da vida. Saltar os degraus da escala da evolução espiritual. A vida é como uma escola, filho. Não se pode pular do primeiro ano para o primeiro colegial. Assim não se aprende nada, não se evolui, não se descobrem suas potencialidades, não se aprende a se admirar, a ser útil, a ser, enfim um ser evoluído.

— Eu sou uma vergonha para o senhor, não? O senhor não merecia um filho como eu.

— Se não o merecesse, Deus me teria abençoado com um outro filho.

A resposta surpreendeu Wagner. O pai, esticando novamente a mão direita em direção ao moço, reforçou seu pedido:

— Dê-me sua mão, filho. Vamos...

Ainda que incerto, trêmulo e envergonhado do pai, Wagner acabou atendendo o seu pedido.

Ao se ver de pé diante do homem que se tornou seu pai naquela reencarnação, Wagner Cálio se jogou em seus braços, chorando como se fosse o menino que o pai tantas vezes acalentava na noite quando despertava por causa de um sonho mau.

— Vamos para casa, filho. Para a nossa casa ao pé do morro.

— E quanto a essa casa, papai? Toda essa riqueza, todo esse luxo?

— De que adiantou tudo isso, filho?

Wagner respirou fundo por uma, duas vezes, fechou os olhos, inspirou

213

novamente o ar, enfim, enxugou as lágrimas e finalmente partiu, na companhia do pai, daquela casa deslumbrante construída na inigualável Avenida Paulista que tanto o encantara.

Minutos depois só restava o silêncio percorrendo os quatro cantos da mansão construída com muito empenho e amor pelo pai de Verônica Linhares.

Um mês depois, após ter ajudado o irmão a tirar as redes do mar cheias de peixe, Wagner Cálio ajudava o pai a regar a horta simples e humilde cultivada ao pé do morro onde morava com a sua família.

O peso na consciência é sempre mais forte do que qualquer desejo de vingança que possa existir na alma de uma pessoa que partiu para o mundo espiritual. É o sentimento de culpa e o remorso por um ato indevido, que atrai tudo que possa nos tirar do prumo, roubar a nossa paz de espírito, até mesmo afetar a matéria.

Algumas pessoas pensam que a falta de caráter, brio e compaixão não comprometem a integridade humana. Que o que se faz de mal do mal se escapa. Que basta rezar três ave-marias e um Pai-nosso que Deus perdoa. Só mesmo olhando com os sentidos da alma para compreendermos que o perdão nos é realmente dado por meio de uma nova existência para mostrarmos à VIDA que nos redimimos de atos cometidos pela ignorância, em nome da matéria que tanto deslumbra e escraviza muitos de nós.

Trilogia "Paixões"

LIVRO 1

"Paixões que ferem"

Ela sabia que era errado sentir-se atraída por ele, desejá-lo mais do que tudo e, mesmo assim, o desejo era mais forte que seu bom senso e sua moral e, seu medo de penar pelo resto da vida no inferno.

Ele também não queria, sabia que estaria pecando ainda mais, condenando-se ao inferno eterno se cedesse àquela paixão proibida. Entretanto ele a desejava loucamente. Até quando conseguiria se conter diante dela, ele não sabia, que os céus o ajudassem a se controlar, acalmar o desejo que incendiava seu peito e seu coração.

A vida era mesmo imprevisível. Ele já não sabia mais no que pensar para se esquecer dela, a mulher que desde o temporal desejava ardentemente dia e noite, noite e dia.

Diante do fato, ele percebia mais uma vez o quanto a vida surpreendia a todos com momentos bons e maus, talvez com mais momentos maus do que bons. Ele já sofrera anteriormente, quando o filho, sem querer, tirara o banquinho em que a mãe estava prestes a se sentar e, por isso, ela, grávida, caiu sentada ao chão e perdeu o bebê. Foi horrível, mais horrível foi pensar que o garoto fizera aquilo por querer, embora inconscientemente. Pensar assim era loucura, nenhuma criança chegaria a tanto, fora uma fatalidade, sim, só podia ser, afinal ele não passava de um menino inocente.

O romance "Paixões que ferem" fala do poder do amor unindo casais e mais casais para que cada um de nós nasça e renasça ao longo da vida. Fala do desejo carnal que cega a todos, muitas vezes sem medir as consequências, fala de ciúme e frustração, do desejo insano de prender o outro a você.

Narra a história de duas famílias que vieram tentar a vida no Brasil no século dezoito e as gerações seguintes, reencarnações que culminam nos dias de hoje, provando que as paixões atravessam vidas, e são, para muitos, eternas. Uma obra surpreendente e comovente, respondendo muitas das perguntas que fazemos em relação a nossa existência no cosmos.

LIVRO 2
"O lado oculto das paixões"

Em "O lado oculto das paixões", continuação do romance "Paixões que ferem", o leitor vai conhecer detalhadamente o destino que os descendentes das famílias Corridoni e Nunnari tiveram.

Inaiá Corridoni sonhou com um casamento feliz porque toda mulher almeja ter um, com filhos saudáveis e adoráveis, engrandecendo a felicidade do casal. Viu em Roberto Corridoni o marido ideal, o homem certo para realizar seus sonhos. Estava apaixonada tanto quanto ele parecia estar apaixonado por ela, só não sabia que havia um lado oculto em toda paixão. Mesmo que lhe dissessem, ela não se importaria, tampouco temeria, porque o que ela queria acima de tudo era ser feliz ao lado dele, nem que para isso tivesse de sacrificar a própria felicidade.

O porquê de Roberto ser tão severo para com ela e os filhos seria porque ainda guardava sentimentos por Liberata Nunnari, aquela que no passado pareceu amar perdidamente e, subitamente, abandonou-a por um desejo de vingança? Ninguém sabia ao certo, talvez nem ele soubesse...

O que Inaiá não aceitava em hipótese alguma era o fato de Roberto querer manter a tradição da família: deixar herança só para os filhos homens, para as mulheres nada além de uma casinha modesta. Se quisessem mais do que isso, que procurassem se casar com um bom partido. Foi assim que as filhas acabaram entregues a uma vida limitada e os irmãos a uma vida endinheirada, propiciando o melhor para seus filhos e mulheres. Isso não era certo, não, na sua visão.

Tudo isso a fez adoecer o que acabou alegrando muito o marido e a amante dele que sonhava casar-se com ele de papel passado e morar na casa-grande, linda e aconchegante da maravilhosa fazenda. Ter a vida que sempre sonhou ao lado dele, mas não mais como amante, agora, como esposa legítima.

A esposa só precisava morrer, sim, morrer, para deixar-lhe o caminho livre para realizar seu maior sonho.

Prepare-se, você viverá ainda muitas emoções ao longo desta fascinante história, o segundo livro da trilogia "Paixões".

LIVRO 3
"A eternidade das paixões"

Em a "Eternidade das paixões", continuação do livro "O lado oculto das paixões" o leitor vai se emocionar ainda mais com a saga das famílias Nunnari e Corrridoni.

Muito aconteceu desde que as duas famílias se mudaram para o Brasil na esperança de terem uma nova perspectiva de vida. O impiedoso Roberto Corridoni, por meio da reencarnação, torna-se filho de Florisbela Gallego que se mostra uma mãe amorosa e disposta a lhe dar uma educação que faça dele um ser humano de caráter e brio.

Tempos depois, o misterioso e surpreendente destino leva Roberto à fazenda dos Nunnari onde a saga de ambas as famílias teve início. A impressionante sensação de já ter estado ali acompanha Roberto desde então, e mesmo sua prima lhe dizendo que a sensação acontece por ele, certamente, já ter vivido ali numa vida anterior àquela, Roberto duvida.

Nessa nova encarnação Roberto reencontra Inaiá para uma nova oportunidade de aprendizado no amor e no convívio a dois. Os filhos nascem e Roberto, esquecendo-se dos bons conselhos de sua mãe, torna-se novamente um pai severo e impiedoso, condenando-se a crescer espiritualmente pela dor, a dor que ele insiste em ser sua maior mentora.

Noutra encarnação, Roberto reencontra Madalena, aquela que noutra vida foi sua escrava e permitiu que usassem e abusassem dela sem nenhum respeito. Os dois estarão frente a frente desta vez durante a Segunda Guerra Mundial.

Mais tarde, no Brasil da época do regime militar, todos que tomaram parte nessa história (Elenara, Gianni, Gianluza, Lamartine, Sílvia, Mássimo, Gabriela, entre outros) voltam a se reencontrar, para que juntos possam transpor obstáculos antigos, renovar o espírito, evoluir... Comprovar mais uma vez a eternidade das paixões.

Trilogia "Paixões"

Outros romances de sucesso da Barbara

Mulheres Fênix, mulheres apaixonadas

Em vez de ouvir o típico "eu te amo" de todo dia, Júlia ouviu: "eu quero me separar, nosso casamento acabou". A separação levou Júlia ao fundo do poço. Nem os filhos tão amados conseguiam fazê-la reagir. "Por que o *meu* casamento tinha de desmoronar? E agora, o que fazer da vida? Como voltar a ser feliz?"

Júlia queria obter as respostas para as mesmas perguntas que toda mulher casada faz ao se separar. E ela as obtém de forma sobrenatural. Assim, renasce das cinzas e volta a brilhar com todo o esplendor de uma mulher Fênix.

A lágrima não é só de quem chora

Christopher Angel, pouco antes de partir para a guerra, conhece Anne Campbell, uma jovem linda e misteriosa, muda, depois de uma tragédia que abalou profundamente sua vida. Os dois se apaixonam perdidamente e decidem se casar o quanto antes, entretanto, seus planos são alterados da noite para o dia com a explosão da guerra. Christopher parte, então, para os campos de batalha prometendo a Anne voltar para casa o quanto antes, casar-se com ela e ter os filhos com quem tanto sonham.

Durante a guerra, Christopher conhece Benedict Simons de quem se torna grande amigo. Ele é um rapaz recém-casado que anseia voltar para a esposa que deixara grávida. No entanto, durante um bombardeio, Benedict é atingido e antes de morrer faz um pedido muito sério a Christopher. Implora ao amigo que vá até a sua casa e ampare a esposa e o filho que já deve ter nascido. Que lhe diga que ele, Benedict, os amava e que ele, Christopher, não lhes deixará faltar nada. É assim que Christopher Angel conhece Elizabeth Simons e, juntos, descobrem que quando o amor se declara nem a morte separa as pessoas que se amam.

Um romance emocionante do começo ao fim.

Paixão Não se Apaga com a Dor

No contagiante verão da Europa, Ludvine Leconte leva a amiga Barbara Calandre para passar as férias na casa de sua família, no interior da Inglaterra, onde vive seu pai, viúvo, um homem apaixonado pelos filhos, atormentado pela saudade da esposa morta ainda na flor da idade.

O objetivo de Ludvine é aproximar Bárbara de Theodore seu irmão, que desde que viu a moça, apaixonou-se por ela.

O inesperado então acontece, seu pai vê na amiga da filha a esposa que perdeu no passado. Um jogo de sedução começa, um duelo entre pai e filho tem início.

De repente, um acidente muda a vida de todos, um detetive é chamado porque se suspeita que o acidente foi algo premeditado. Haverá um assassino a solta? É preciso descobrir antes que o mal se propague novamente.

Este romance leva o leitor a uma viagem fascinante pelo mundo do desejo e do medo, surpreendendo a cada página. Um dos romances, na opinião dos leitores, mais surpreendentes dos últimos tempos.

Nenhum amor é em vão

Uma jovem inocente e pobre, nascida numa humilde fazenda do interior do Paraná, conhece por acaso o filho do novo dono de uma das fazendas mais prósperas da região. Um rapaz elegante, bonito, da alta sociedade, cercado de mulheres bonitas, estudadas e ricas.

Um encontro que vai mudar suas vidas, fazê-los aprender que **nenhum amor é em vão**. Todo amor que acontece, acontece porque é a única forma de nos conhecermos melhor, nos perguntarmos o que realmente queremos da vida? Que rumo queremos dar a ela? Pelo que vale realmente brigar na nossa existência?

Deus nunca nos deixa sós

Teodora teve medo de lhe dizer a verdade e feri-lo a ponto de fazê-lo abandoná-la para sempre e deixá-la entregue à solidão e a um sentimento de culpa pior do que aquele que já vinha apunhalando o seu coração há tempos. Sim, a verdade, acreditava Teodora, iria doer fundo em Hélio. Tão fundo quanto doeria nela se soubesse que o marido havia se casado com ela apenas por interesse financeiro, disposto a se divorciar dela em poucos anos para poder ficar com quem realmente amava, ou pensava amar.

Deus nunca nos deixa sós conta a história de três mulheres ligadas pela misteriosa mão do destino. Uma leitura envolvente que nos lembra que amor e vida continuam, mesmo diante de circunstâncias mais extraordinárias.

Vidas que nos completam

Vidas que nos completam conta a história de Izabel, moça humilde, nascida numa fazenda do interior de Minas Gerais, propriedade de uma família muito rica, residente no Rio de Janeiro.

Com a morte de seus pais, Izabel é convidada por Olga Scarpini, proprietária da fazenda, a viver com a família na capital carioca. Izabel se empolga com o convite, pois vai poder ficar mais próxima de Guilhermina Scarpini, moça rica, pertencente à nata da sociedade carioca, filha dos donos da fazenda, por quem nutre grande afeto.

No entanto, os planos são alterados assim que Olga Scarpini percebe que o filho está interessado em Izabel. Para afastá-la do rapaz, ela arruma uma desculpa e a manda para São Paulo. Izabel, então, conhece Rodrigo Lessa, por quem se apaixona perdidamente, sem desconfiar que o rapaz é um velho conhecido de outra vida. Uma história contemporânea e comovente para lembrar a todos o porquê de a vida nos unir àqueles que se tornam nossos amores, familiares e amigos... Porque toda união é necessária para que vidas se completem, conquistem o que é direito de todos: a felicidade.

A solidão do espinho

Virginia Accetti sonha desde, menina, com a vinda de um moço encantador, que se apaixone por ela e lhe possibilite uma vida repleta de amor e alegrias.

Evângelo Felician é um jovem pintor, talentoso, que desde o início da adolescência apaixonou-se por Virginia, mas ela o ignora por não ter o perfil do moço com quem sonha se casar.

Os dois vivem num pequeno vilarejo próximo a famosa prisão "Écharde" para onde são mandados os piores criminosos do país. Um lugar assustador e deprimente onde Virginia conhece uma pessoa que mudará para sempre o seu destino.

"A Solidão do Espinho" nos fala sobre a estrada da vida a qual, para muitos, é cheia de espinhos e quem não tem cuidado se fere. Só mesmo um grande amor para cicatrizar esses ferimentos, superar desilusões, reconstruir a vida... Um amor que nasce de onde menos se espera. Uma história de amor como poucas que você já ouviu falar ou leu. Cheia de emoção e suspense. Com um final arrepiante.

Só o coração pode entender

Tudo preparado para uma grande festa de casamento quando uma tragédia muda o plano dos personagens, o rumo de suas vidas e os enche de revolta. É preciso recomeçar. Retirar as pedras do caminho para prosseguir... Mas recomeçar por onde e com que forças? Então, quando menos se espera, as pedras do caminho tornam-se forças espirituais para ajudar quem precisa reerguer-se e reencontrar-se num mundo onde **só o coração pode entender**. É preciso escutá-lo, é preciso aprender a escutá-lo, é preciso tirar dele as impurezas deixadas pela revolta, para que seja audível, límpido e feliz como nunca foi...

Uma história verdadeira, profunda, real que fala direto ao coração e nos revela que o coração sabe bem mais do que pensamos, que pode compreender muito mais do que julgamos, principalmente quando o assunto for amor e paixão.

Quando o Coração Escolhe

(Publicado anteriormente com o título: "A Alma Ajuda")

Sofia mal pôde acreditar quando apresentou Saulo, seu namorado, à sua família e eles lhe deram as costas.

– Você deveria ter-lhes dito que eu era negro – observou Saulo.

– Imagine se meu pai é racista! Vive cumprimentando todos os negros da região, até os abraça, beija seus filhos...

– Por campanha política, minha irmã – observou o irmão.

Em nome do amor que Sofia sentia por Saulo, ela foi capaz de jogar para o alto todo o conforto e *status* que tinha em família para se casar com ele.

O mesmo fez Ettore, seu irmão, ao decidir se tornar padre para esconder seus sentimentos (sua homossexualidade).

Mas a vida dá voltas e nestas voltas a família Guiarone aprende que amor não tem cor, nem raça, nem idade, e que toda forma de amor deve ser vivida plenamente. E essa foi a maior lição naquela reencarnação para a evolução espiritual de todos.

Se Não Amássemos Tanto Assim

No Egito antigo, 3400 anos antes de Cristo, Hazem, filho do faraó, herdeiro do trono se apaixona perdidamente por Nebseni, uma linda moça, exímia atriz. Porém, estéril. Para deixar um herdeiro, Hazem, arranja uma segunda esposa que promete para si mesma destruir Nebseni, apagá-la do coração do marido para que somente ela exista. Mas pode alguém apagar do coração de um ser apaixonado a razão do seu afeto?

Se não amássemos tanto assim é um romance comovente com um final surpreendente, que vai instigar o leitor a ler o livro muitas vezes.

Falso brilhante

Marina está radiante, pois acaba de conquistar o título de Miss Brasil. Os olhos do mundo estão voltados para sua beleza e seu carisma.

Ela é uma das favoritas do Concurso de Miss Universo. Se ganhar, muitas portas lhe serão abertas em termos de prosperidade, mas o que ela mais deseja, acima de tudo, é ser feliz ao lado de Luciano, seu namorado, por quem está perdidamente apaixonada.

Enquanto isso, Beatriz, sua irmã, se pergunta: como pode alguém como Marina ter tanta sorte na vida e ela não? Ter um amor e ela ninguém, sequer alguém que a paquere?

Pessoas na cidade, de todas as idades, questionam: Como pode Beatriz ser irmã de Marina, tão linda e Beatriz, tão feia, como se uma fosse um brilhante e a outra um diamante bruto?

Entre choques e decepções, reviravoltas e desilusões segue a história dessas duas irmãs cujas vidas mostram que nem tudo que reluz é ouro, nem tudo que brilha é brilhante e que aquilo que ainda é bruto também pode irradiar luz.

Depois de tudo, ser feliz

Greta tinha apenas 15 anos quando foi vendida pelo pai para um homem que a desejava mais do que tudo. Sua inocência não lhe permitia imaginar o verdadeiro motivo da compra.

Sarina, sua irmã, quis desesperadamente ir atrás dela para salvá-la das garras do indivíduo impiedoso, mas o destino lhe pregou uma surpresa, ela apaixonou-se por um homem cujo coração já tinha dona, uma mulher capaz de tudo para impedir sua aproximação.

Em meio a tudo isso, ocorre uma chacina: jovens lindas são brutalmente mortas e Rebecca, a única sobrevivente do caos, quer descobrir quem foi o mandante daquilo para fazer justiça.

Noutra cidade, Gabael, um jovem cujo rosto deformado por uma doença misteriosa, vive numa espécie de calabouço para se esconder de todos que olham horrorizados para ele e o chamam de monstro.

Num vale, Maria, uma linda menina, tenta alegrar todos os confinados ali por causa de uma praga contagiosa, odiada e temida pela humanidade, na época.

Dentre todos os acontecimentos desta fascinante e surpreendente história que se desenrola na época em que Jesus fez inúmeros milagres e marcou para sempre a história do mundo, os personagens vão descobrir que, por mais triste e desafiadora que possa ser a nossa vida, o que nos resta mesmo, depois de tudo, é procurar ser feliz.

Depois de "Falso Brilhante", "Se não amássemos tanto assim", "A outra face do amor", da trilogia "A eternidade das paixões", dentre outros romances de sucesso, o Autor nos leva a mais uma viagem emocionante pelo mundo da literatura espiritual.

O que restou de nós dois

Alexandre (herdeiro do laboratório farmacêutico mais importante e próspero do mundo) ao nascer, torna-se o centro da atenção e do amor de seus pais, especialmente de sua mãe.

Anos depois, enfurecido com o nascimento da irmã, chega a pensar, sem pudor algum, sufocá-la durante o sono tranquilo no berço.

Quando maior, cada vez mais fascinado por sua progenitora, passa a disputá-la com o pai, voltando-se contra ele de todas as formas, especialmente ao saber que teve amantes e um filho bastardo. Decide então, assim que possível, descobrir quem é ele para impedi-lo de recorrer à justiça seus direitos na herança do pai.

Ao completar a faculdade, fascinado por Nova York, muda-se para a cidade onde se transforma num dos empresários mais atuantes e revolucionários dos Estados Unidos. É ali que conhece Hefestião, um publicitário em ascensão de quem se torna grande amigo e vive o seu maior desafio, o que o leva para um mundo onde a dor e o amor se confundem.

O pior acontece quando a irmã de Alexandre se apaixona por seu amigo, provocando-lhe ira, reforçando seu ódio por ela.

Em meio a tudo isso, chega o relatório do detetive contratado por Alexandre para descobrir o nome da amante e do filho bastardo do pai. Misteriosamente este relatório desaparece da casa antes que ele possa ler o resultado. Inexplicável também se torna o fato de o detetive ter sumido do país sem deixar pistas.

Mais tarde, ao saber que a irmã vai conceber um herdeiro, Alexandre se vê forçado a gerar um, o mais rápido possível. Casa-se com Roxane, uma linda francesa, que nada suspeita de suas verdadeiras intenções.

Nesse entrementes, o rapaz multimilionário anseia por encontrar a cura para a AIDS, não por querer ajudar as pessoas, mas para marcar presença na história do mundo e lucrar a ponto de se tornar o homem mais rico do planeta.

Entre dores e amores acontece esta história de amor surpreendente e apaixonante, cujo desfecho revela que a maldade humana pode não ter limites, mas o mundo espiritual está atento, não tarda em interceder em nome do bem e da paz mundial.

Para adquirir um dos livros ou obter informações sobre os próximos
lançamentos da Editora Barbara, visite nosso site:

www.barbaraeditora.com.br
E-mail: barbara_ed@estadao.com.br

BARBARA EDITORA BRASIL
Rua Primeiro de Janeiro, 396 – 81
Vila Clementino – São Paulo – SP
CEP 04044-060
(11) 5594 5385

Contato c/ autor:
americosimoes@estadao.com.br
americo.simoes@uol.com.br
Facebook: Américo Simões

Blog: http://americosimoes.blogspot.com.br
www.americosimoes.com.br